RECEITAS PARA ESPORTISTAS

RECEITAS PARA ESPORTISTAS

Um guia prático para se alimentar bem antes, durante e depois do treino

Textos e fotos da nutricionista e consultora
Bruna Pavão

Gostaria de agradecer à minha família, ao meu marido, Rodrigo, e aos amigos por todo o apoio durante a produção deste livro, e à minha assistente Maria Lia, que me ajudou a preparar todas as receitas com muito amor, carinho e dedicação.

Copyright desta edição © 2018 Alaúde Editorial Ltda.

Todos os direitos reservados. Nenhuma parte desta edição pode ser utilizada ou reproduzida – em qualquer meio ou forma, seja mecânico ou eletrônico –, nem apropriada ou estocada em sistema de banco de dados sem a expressa autorização da editora.

O texto deste livro foi fixado conforme o acordo ortográfico vigente no Brasil desde 1º de janeiro de 2009.

Coordenação editorial: Bia Nunes de Sousa
Preparação: Camile Mendrot e Patrícia Vilar (Ab Aeterno)
Revisão: Claudia Vilas Gomes, Rosi Ribeiro Melo
Capa e projeto gráfico: Rodrigo Frazão
Imagens: Shutterstock.com (esportistas)
Objetos: Flávia Mendes, da Cerâmica Design (@ceramica-designfm);
  Lucia, da Olaria Paulistana (@olariapaulistana);
  e loja Arpège Casa e Presentes.
Impressão e acabamento: EGB - Editora e Gráfica Bernardi

1ª edição, 2018
Impresso no Brasil

Legenda

 tempo de preparo

 rendimento

 validade

 foto

Dados Internacionais de Catalogação na Publicação (CIP)
(Câmara Brasileira do Livro, SP, Brasil)

Receitas para esportistas: um guia prático para se alimentar bem antes, durante e depois do treino / textos e fotos Bruna Pavão. -- São Paulo: Alaúde Editorial, 2018.

Bibliografia.
ISBN 978-85-7881-512-7

1. Alimentação 2. Cardápios - Planejamento 3. Exercícios físicos - Aspectos nutricionais 4. Receitas I. Pavão, Bruna.

18-13183   CDD-613.2

Índices para catálogo sistemático:
1. Alimentação e saúde: Gastronomia funcional: Nutrição aplicada 613.2

2018
Alaúde Editorial Ltda.
Avenida Paulista, 1337
conjunto 11, Bela Vista
São Paulo, SP, 01311-200
Tel.: (11) 5572-9474
www.alaude.com.br

sumário

Introdução	006
10 mandamentos para uma alimentação saudável	008
O essencial	010
Receitas básicas	012
Pré-treino	015
Pós-treino	039
Day off	065
Preparação para provas	081
Durante as provas de longa duração	093
Recuperação	105
Dia a dia	119
Glossário	151
Índice alfabético	158

introdução

Ainda hoje me lembro do receio que eu sentia quando pensava naquela corrida de montanha. O ano de 2016 estava quase terminando e eu estava em um período bastante agitado da minha vida. Sentia-me em meio a um furacão. As obrigações profissionais eram tantas que estava difícil conciliar a agenda do trabalho com os horários dos meus treinos e com a organização alimentar que uma prova de 12 km na montanha exige. Mas, ao mesmo tempo, aquele desafio era muito importante para mim. No fundo, eu sabia que não poderia desperdiçar os últimos quatro anos de treino bem-feito.

Cansada de ficar naquele conflito interno, decidi que era hora de colocar ordem na minha rotina. Superei meu medo de fracasso, montei uma estratégia e corrigi minha alimentação. O resultado? Não só consegui terminar a prova como fiz um dos meus melhores tempos. Foi uma conquista pessoal e tanto.

Estou contando esta história não só porque ela me marcou muito, mas também porque vejo muita gente desistir de uma prova ou da prática de atividade física por falta de organização. Sem ela, é realmente muito difícil conciliar o dia a dia corrido com o preparo físico.

Quando falo de organização, não estou falando apenas de reservar um horário na agenda para o treino ou a academia. Organização também tem a ver com o tempo que você vai passar escolhendo e preparando os alimentos certos para ter força e energia.

Muitas pesquisas comprovam a importância de reservar um tempo para o exercício. Uma delas é o estudo Prática de Esporte e Atividade Física do Pnad 2015, divulgado pelo IBGE em 2017: 38,2% dos brasileiros que não praticam esportes declararam que a falta de tempo é o principal motivo. Mas como conciliar trabalho, treinos e se organizar para obter sucesso nas competições esportivas e mesmo no seu dia a dia? Bastam três passos: simplicidade, variedade e planejamento.

Simplicidade: O lance para aliar uma boa alimentação com sabor é não inventar muita moda na hora de cozinhar; foque na praticidade e na eficiência. Escolha ingredientes que tragam resultados mais imediatos, como o pó de guaraná, por exemplo, que você pode usar no preparo de barrinhas energéticas para comer no pré-treino.

Variedade: Valorize os ingredientes locais. Tente experimentar um alimento novo todo mês. O Brasil tem uma variedade muito grande de alimentos naturais, e não cair na mesmice é superimportante para não enjoar das receitas e abandonar a boa alimentação.

Planejamento: Monte uma agenda semanal do que você pretende consumir. Escolha 1 ou 2 dias da semana para fazer as compras e organizar a despensa. Já deixe algumas etapas adiantadas, por exemplo, cozinhando legumes ou deixando as leguminosas de molho, como grão-de-bico, feijão e lentilha.

Colocar ordem na rotina e na despensa é tão importante quanto seguir uma alimentação saudável, porque a organização tem o poder de determinar seu sucesso onde quer que você pratique seu esporte preferido – na pista de corrida, na piscina, na academia, na quadra ou no tatame. É sempre bom sublinhar que comida saudável não rima com sabor insípido e sem graça. Mesmo quando é adequada para a prática de esporte, ela pode ser gostosa e nutritiva.

Nada disso é complexo, acredite, e é isso que este livro mostra, além de trazer dicas, técnicas e receitas. Aqui você vai encontrar os 10 mandamentos da alimentação saudável, sugestão de como montar sua despensa e otimizar seu tempo para facilitar a organização do dia a dia, receitas para todos os momentos da prática da atividade física – desde o pré e pós-treino até o day off – e muita informação de qualidade, que reuni desde que me formei como nutricionista, em 2012. E, como não queria deixar ninguém de fora, todas as receitas podem ser adaptadas de acordo com a necessidade, seja você vegano, vegetariano, diabético ou intolerante à lactose ou ao glúten.

O objetivo deste livro não é só falar de comida saudável. Quem já pratica esporte vai ver que sempre dá para aprimorar o rendimento com algumas mudanças ou a introdução de alguns ingredientes na alimentação. E quem ainda não encontrou o tempo ou a motivação pessoal para se dedicar aos exercícios físicos vai ter nestas receitas um delicioso estímulo!

10 mandamentos para uma alimentação saudável

Tenha 5 cores diferentes no prato
Quanto mais colorido o prato, mais saudável será!

Experimente novos alimentos
Escolha algum dia da semana para experimentar um alimento novo, seja em casa, seja em um restaurante.

Beba água
Coloque uma garrafa de 1 litro ou 500 ml à sua disposição em casa ou no trabalho. Beba 1 litro no período da manhã e 1 litro no período da tarde.

Mastigue bem os alimentos
Evite comer muito rápido e sem prestar atenção na mastigação. Quanto melhor mastigarmos os alimentos, melhor será a nossa digestão.

Consuma de 2 a 3 porções de frutas por dia
Se você não consome nenhum tipo de fruta, acrescente pelo menos 1 porção no seu dia. Vá aumentando essa porção aos poucos! Com o tempo, o seu corpo vai se acostumar e pedir mais!

Evite doces industrializados e cheios de açúcar
Substitua por tâmaras, castanhas, damascos e chocolate amargo.

Coma sentado à mesa
Evite fazer as refeições no sofá, na cama ou no carro.

Coma sem distrações
Evite fazer as refeições assistindo à televisão, trabalhando ou brincando no celular. É essencial prestarmos atenção naquilo que estamos oferecendo ao nosso corpo.

Seja o exemplo para o seu filho
Se tem crianças em casa, você será o maior exemplo! Siga todos os mandamentos para que seus filhos possam ter estímulos de colocar em prática também.

Exercite-se
Pratique atividades físicas regularmente com o acompanhamento de um educador físico!

o essencial

Organizei uma lista de ingredientes básicos para estarem na sua despensa. São produtos nutritivos e essenciais para deixar a sua alimentação mais completa e saudável.

Despensa

Abacate
Aceto balsâmico
Açúcar mascavo ou açúcar demerara
Ágar-ágar
Amaranto em flocos
Amendoim
Amendoim torrado
Arroz integral
Atum enlatado
Aveia em flocos
Avocado
Azeite de oliva extra virgem (experimente substituir por azeite de linhaça, óleo de semente de uva ou óleo de soja orgânico e prensado a frio)
Banana
Biscoito de arroz
Cacau em pó 100%
Café solúvel
Camomila
Canela em pau
Canela em pó
Castanha-de-caju
Castanha-do-pará
Chá branco
Chás para infusão (sabores de sua preferência)
Chocolate amargo sem adição de açúcar
Cranberry
Cravo-da-índia
Cúrcuma em pó
Curry em pó
Damasco
Erva-doce
Espirulina em pó
Farinha de amêndoa
Farinha de arroz
Farinha de aveia
Farinha de coco
Farinha de linhaça
Farinha de trigo integral
Feijão-azuqui
Feijão-branco
Feijão-carioca
Fermento biológico seco
Fermento químico em pó
Gelatina em pó sem sabor
Gengibre em pó
Gergelim integral
Goji berry
Granola caseira
Grão-de-bico
Guaraná em pó
Iogurte desnatado
Iogurte zero lactose
Leite de coco
Lemon pepper
Lentilha
Levedura nutricional
Limão
Maca peruana
Macarrão de arroz
Macarrão integral
Macarrão sem glúten
Manteiga de coco
Mel
Melado de cana
Milho
Molho de soja (sem sódio e sem corantes)
Moringa oleífera em pó
Néctar de coco
Nibs de cacau
Noz-moscada
Nozes
Óleo de coco
Óleo de gergelim torrado
Orégano seco
Pão de fôrma integral
Páprica

Pasta de amendoim sem adição de açúcar
Pimenta-de-caiena
Pimenta-do-reino em grãos
Pistache
Polvilho doce
Própolis
Proteínas vegetais (ervilha e arroz)
Quinoa em flocos
Quinoa em grãos
Sal rosa
Sal light
Sardinha enlatada
Semente de abóbora
Semente de chia
Semente de girassol
Semente de linhaça
Suco de uva integral
Tahine
Tâmara sem caroço
Tapioca
Trigo-sarraceno
Uva-passa preta ou branca
Vinagre de maçã
Vinho tinto seco

Geladeira

Abacate
Abóbora
Abobrinha
Agrião
Água de coco sem adição de açúcar
Alecrim
Alho
Ameixa
Azeitona verde e preta
Batata-doce
Batata-yacon
Bebidas vegetais
Berinjela
Beterraba
Cebola
Cebola roxa
Cebolinha
Cenoura
Cogumelo
Couve-de-bruxelas
Creme de ricota
Ervilha fresca
Escarola
Espinafre
Folhas diversas: alface lisa,
alface roxa, alface americana
Gengibre
Grão-de-bico
Inhame
Kefir
Laranja
Leite desnatado e zero lactose
Maçã
Mamão
Manjericão
Mostarda
Ovo orgânico
Pepino
Pera
Pimentão
Queijo minas
Queijos veganos ou queijos como ricota, mozarela de búfala e cottage
Rúcula
Salsinha
Tofu
Tomate-cereja
Uva
Vagem

Congelador

Açaí sem adição de açúcar
Amêndoa inteira com casca
Banana cortada em rodelas
Biomassa de banana verde
Brócolis
Coco fresco ralado
Couve-flor
Frutas vermelhas (cereja, morango, mirtilo, framboesa, amora)
Polpas de frutas sem adição de açúcar
Sopas
Suco verde em cubos
Sorvete de frutas caseiro

receitas básicas

40 minutos

4 porções

até 2 dias na geladeira / até 1 mês congelado

Arroz integral

2 colheres (sopa) de azeite | 2 colheres (sopa) de cebola picada | 1 dente de alho picado | 1 xícara de arroz integral | 3 xícaras de água | 1 colher (chá) de sal

Em uma panela, aqueça o azeite e refogue a cebola e o alho. Em seguida, adicione o arroz integral e refogue rapidamente. Adicione a água e o sal. Cozinhe, em fogo médio, com a panela semiaberta, por cerca de 35 minutos ou até o arroz estar al dente. Se necessário, adicione um pouco mais de água fervente durante o cozimento.

Dica depois de cozido, porcione o arroz em saquinhos plásticos bem fechados e congele. Descongele em banho-maria: leve uma panela com água ao fogo. Coloque uma outra panela com o arroz em cima da panela com a água fervente de modo que o calor da água aqueça a panela de cima e descongele o arroz.

40 minutos

4 porções

até 2 dias na geladeira / até 1 mês congelado

Feijão caseiro

1 xícara de feijão-carioca cru | 3 xícaras de água | 3 folhas de louro | 2 colheres (sopa) de azeite | 2 colheres (sopa) de cebola picada | 1 dente de alho picado | 1 colher (chá) de sal

Coloque o feijão em um recipiente e cubra com água. Deixe de molho por cerca de 6 horas ou de um dia para o outro. Descarte a água e transfira os grãos para uma panela de pressão. Coloque a água e adicione as folhas de louro. Tampe a panela e leve ao fogo alto. Quando pegar pressão, reduza o fogo e cozinhe por cerca de 15 minutos. Desligue o fogo e deixe a pressão sair. Abra a panela e verifique se os grãos estão moles. Em outra panela, aqueça o azeite e refogue a cebola e o alho até dourar. Transfira o feijão com o caldo para essa panela do refogado, adicione o sal e cozinhe para engrossar o caldo e incorporar o sabor dos temperos. Desligue o fogo e sirva.

Dica depois de cozido, porcione o feijão com o caldo em potes próprios para congelador. Para descongelar, aqueça no micro-ondas ou em uma panela em fogo médio.

Lentilha para o dia a dia

2 colheres (sopa) de azeite | ½ cebola picada | 1 dente de alho picado | 1 xícara de lentilha crua | 3 xícaras de água fervente | 1 colher (chá) de sal | ½ colher (chá) de cominho em pó

Em uma panela, aqueça o azeite e refogue a cebola e o alho. Adicione a lentilha e refogue rapidamente. Em seguida, adicione a água fervente, o sal e o cominho. Cozinhe a lentilha até os grãos estarem macios e a água secar.

30 minutos

4 porções

até 2 dias na geladeira / até 1 mês congelado

Omelete express

2 xícaras de espinafre congelado | 2 ovos | ½ xícara de salsinha e cebolinha picadas 1 colher (chá) de sal | ½ colher (chá) de pimenta-do-reino moída | 1 colher (sopa) de azeite

Em uma panela com água fervente, cozinhe o espinafre rapidamente por cerca de 1 minuto. Escorra a água e esprema bem o espinafre para que saia toda a água. Em um recipiente, misture o espinafre cozido, os ovos, a salsinha e cebolinha, o sal e a pimenta. Aqueça uma frigideira, de preferência antiaderente, untada com o azeite. Distribua a mistura dos ovos e deixe cozinhar de um lado até dourar. Vire e doure o outro lado. Sirva.

10 minutos

1 porção

consumo imediato

Sal de especiarias

5 colheres (sopa) de sal marinho ou sal rosa | 5 colheres (sopa) de ervas secas (alecrim, orégano, manjericão, tomilho) | 3 colheres (sopa) de especiarias em pó (cúrcuma, páprica, noz-moscada, pimenta-do-reino, cominho e gengibre) | 5 colheres (sopa) de gergelim integral e torrado

Em um processador, bata o sal com as ervas e as especiarias. Adicione o gergelim por último e bata rapidamente, até obter uma textura de farofa. Retire do liquidificador, se desejar, passe por uma peneira para ficar mais fininho, e armazene em um pote de vidro com tampa. Utilize em substituição ao sal tradicional.

10 minutos

2 meses

Manteiga de amendoim com canela   16

Manteiga de tâmara com maca peruana   17

Energy balls de figo e castanha   20

Energy balls de tâmaras com cacau   21

Ricota de macadâmia   23

Granola com chips de coco   24

Patê de avocado e atum   27

Cream-craker energético   28

Bolo de banana e castanha-do-pará   31

Panqueca de guaraná e açaí em pó   32

Smoothie vermelho   35

Chai energético   36

pré-treino

Para começar nossa aventura no mundo dos esportes, é preciso entender a importância do pré-treino, ou seja, da alimentação antes do início de qualquer prática de atividade física.

São os alimentos consumidos neste momento que vão auxiliar o atleta a ter melhor rendimento, melhor recuperação e menor risco de lesão muscular, independentemente da modalidade e intensidade do esporte.

A prioridade nesta etapa é fornecer energia através de alimentos fontes de carboidratos como melado de cana, beterraba, banana, açaí, farinhas integrais e tâmaras. Além de aproveitar os benefícios de superalimentos como guaraná em pó, gengibre, cúrcuma e pimenta-de-caiena, que são classificados como termogênicos e por isso são ótimas opções para dar aquele gás de energia ao organismo.

Todos esses alimentos e muitos outros você vai encontrar nas próximas páginas em receitas práticas e muito saborosas.

Manteiga de amendoim
com canela

25 minutos

1 xícara

até 7 dias

foto na p. **18**

2 xícaras de amendoim cru e sem pele
2 colheres (sopa) de canela em pó
1 colher (sopa) de açúcar mascavo
½ colher (chá) de cravo em pó

Preaqueça o forno a 180 °C. Espalhe o amendoim em uma assadeira retangular e leve ao forno por cerca de 10 minutos, mexendo de vez em quando para tostar de todos os lados do amendoim e não queimar. Retire do forno e transfira para o processador. Acrescente a canela, o açúcar mascavo e o cravo. Bata até obter uma pasta lisa e homogênea. Se preciso, interrompa o processo, mexa a manteiga com uma colher dentro do processador e volte a bater. Transfira para um recipiente de vidro com tampa e armazene em temperatura ambiente.

Substituições
Sem adição de açúcar: substitua o açúcar por 1 colher (chá) de sal marinho

Dicas
Você pode congelar a manteiga em pequenas porções. Para descongelar, retire do congelador, aguarde algumas horas e utilize!

Sirva com fatias de pão integral torrado, biscoitos de arroz ou cream-cracker energético (receita na p. 28).

Manteiga de tâmara
com maca peruana

25 minutos
+ 1 hora de descanso

1 xícara

até 7 dias

foto na p. 18

2 xícaras de tâmaras sem caroço
1 xícara de água para demolho
1 colher (sopa) de maca peruana em pó
½ colher (chá) de sal
4 colheres (sopa) de água

Em um recipiente de vidro, deixe as tâmaras de molho na água por cerca de 1 hora, para que fiquem macias. Descarte a água e transfira as tâmaras para o processador. Acrescente a maca peruana e o sal. Bata até obter uma pasta lisa e homogênea. Se for preciso, adicione a água para a pasta ficar mais cremosa. Transfira para um recipiente de vidro com tampa e armazene na geladeira.

Substituições
A maca peruana pode ser substituída pela mesma quantidade de guaraná em pó, cacau em pó, gengibre em pó ou beterraba em pó.

Dicas
Você pode preparar uma variação da receita acrescentando ½ xícara de damascos secos. Os damascos são ricos em vitaminas e fibras. Têm uma quantidade elevada de carboidrato, tornando-se uma excelente opção para o pré-treino.

Sirva com fatias de pão integral torrado, biscoitos de arroz ou cream-cracker energético (receita na p. 28).

pré-treino

receitas nas pp. **16 e 17**

receitas nas pp. 20 e 21

Energy balls de figo e castanha

25 minutos

12 unidades

até 5 dias

foto na p. 19

5 figos secos
1 xícara de castanha-de-caju torrada
1 colher (sopa) de chia
½ colher (sopa) de espirulina
3 colheres (sopa) de leite de amêndoa
1 xícara de coco seco ralado

Coloque todos os ingredientes, exceto o coco seco ralado, no processador. Bata até obter uma massa homogênea e espessa. Retire a massa do processador e faça bolinhas. Passe as bolinhas no coco seco ralado e leve à geladeira por cerca de 20 minutos. Sirva em seguida.

Substituições
Você pode substituir o leite de amêndoa pela mesma quantidade de outra bebida vegetal ou por leite desnatado. Se preferir, também é possível preparar a receita com água ou leite de coco.

Dicas
Experimente testar esta receita substituindo os figos secos por tâmaras, damascos ou ameixa-preta.

Congele em porções de 4 unidades para que você possa levar aos treinos. Além de serem uma ótima opção pré-treino, essas bolinhas também funcionam para repor as energias durante os treinos mais longos.

Você sabia que a espirulina é uma alga azul capaz de fornecer uma enorme diversidade de nutrientes essenciais para o benefício do nosso organismo? Considerada um superalimento, a espirulina é uma excelente fonte de proteína, aminoácidos e antioxidantes!

Energy balls de tâmaras
com cacau

25 minutos

12 unidades

até 5 dias

foto na p. **19**

1 xícara de amêndoa crua
2 xícaras de tâmara sem caroço
3 colheres (sopa) de cacau em pó 100%
2 colheres (sopa) de manteiga de amendoim com canela (receita na p. 16)
2 colheres (sopa) de óleo de coco
1 xícara de aveia em flocos finos

Coloque as amêndoas no processador e bata até formar uma farofa. Em seguida, adicione as tâmaras, o cacau, a manteiga de amendoim e o óleo de coco. Bata bem até obter uma massa homogênea. Retire a massa do processador e enrole bolinhas. Passe-as na aveia em flocos finos e leve à geladeira por cerca de 20 minutos. Sirva em seguida.

Substituições
Você pode substituir as amêndoas da massa por outra oleaginosa como castanha-de-caju, castanha-do-pará, nozes ou amendoim na mesma quantidade indicada na lista de ingredientes.

Dicas
Congele em porções de 4 unidades para que você possa levar aos treinos. Além de serem uma ótima opção pré-treino, essas bolinhas também funcionam para repor as energias durante os treinos mais longos.

Experimente passar as bolinhas no cacau em pó ou na farinha de amêndoa!

pré-treino

Ricota de macadâmia

20 minutos

1 xícara

até 5 dias na geladeira

2 xícaras de macadâmia crua e sem sal
2 colheres (sopa) de água
1 limão espremido
1 colher (sopa) de azeite
1 colher (chá) de sal
½ colher (chá) de pimenta-do-reino moída
folhas de manjericão a gosto

Coloque todos os ingredientes, exceto o manjericão, no processador e bata até obter uma pasta rústica, não muito cremosa. Transfira para um recipiente de vidro e misture o manjericão. Tampe e armazene na geladeira.

Dicas

Você pode congelar em pequenas porções. Para descongelar, retire do congelador, aguarde algumas horas e utilize!

Sirva com fatias de pão integral torrado, biscoitos de arroz ou cream-cracker energético (receita na p. 28).

pré-treino

30 minutos

5 porções

até 10 dias

Granola com chips de coco

Chips de coco caseiro
1 coco seco
óleo de coco para untar

Granola
2 xícaras de aveia em flocos grossos
2 xícaras de flocos de milho sem açúcar
2 xícaras de castanha-de-caju
1 xícara de semente de abóbora torrada
1 xícara de noz-pecã
1 xícara de goji berry
½ xícara de uva-passa branca
2 colheres (sopa) de chia
2 colheres (sopa) de nibs de cacau
1 colher (sopa) de canela em pó
½ xícara de óleo de coco
1 xícara de melado de cana
1 xícara de chips de coco caseiro

Chips de coco caseiro
Retire a polpa do coco seco (parte branca mais macia) da casca, em pedaços grandes. Com um descascador de legumes, faça fatias finas da polpa do coco. Espalhe as fatias em uma assadeira untada com o óleo de coco e leve para assar em forno preaquecido (180 °C) por cerca de 5 minutos ou até que comece a dourar levemente. Retire do forno, espere esfriar e reserve.

Granola
Preaqueça o forno a 180 °C. Em um recipiente, misture bem todos os ingredientes. Forre uma assadeira com papel-manteiga e espalhe a granola. Leve para assar por cerca de 20 minutos ou até dourar. Retire e espere a granola esfriar.

Dicas
Para garantir a crocância: ao retirar a granola do forno, transfira para uma assadeira que não esteja quente e espalhe bem. Espere a granola esfriar por completo e armazene em recipientes de vidro com tampa.

Sirva a granola com iogurte de kefir (receita na p. 120), frutas ou panquecas (receita na p. 32).

Você pode comprar a polpa do coco inteira, sem a casca, em feiras livres.

Procure os flocos de milho sem açúcar em lojas de produtos naturais, mercados municipais ou armazéns e empórios a granel.

Patê de avocado e atum

10 minutos

3 porções

até 5 dias

1 avocado maduro
1 xícara de atum em lata ralado light
½ xícara de salsinha picada
½ colher (chá) de pimenta-de-caiena
½ colher (chá) de sal
2 colheres (sopa) de gergelim preto

Abra o avocado e retire toda a polpa. Transfira para um recipiente e misture com o restante dos ingredientes. Com o auxílio de um garfo, amasse bem até obter uma pasta homogênea. Transfira para um recipiente de vidro com tampa e armazene na geladeira.

Substituições
Caso não encontre o avocado, você pode utilizar metade de um abacate maduro.

Vegana: substitua o atum pela mesma quantidade de um mix de cogumelos refogado em 2 colheres (sopa) de azeite e 2 colheres (sopa) de cebola picada.

Dicas
A salsinha é uma ótima opção de tempero para as preparações salgadas, pois tem compostos com efeitos diuréticos que auxiliam na redução do inchaço abdominal.

A pimenta-de-caiena é considerada um termogênico, ou seja, acelera o metabolismo, ajudando o organismo a queimar quantidades excessivas de gordura.

Sirva com fatias de pão integral torrado, biscoitos de arroz ou cream-cracker energético (receita na p. 28).

25 minutos

10 unidades

até 5 dias

Cream-cracker energético

1 xícara de farinha de grão-de-bico
½ xícara de farinha de amêndoa
2 colheres (sopa) de gergelim preto
2 colheres (sopa) de gergelim integral
2 colheres (sopa) de alecrim
1 colher (chá) de sal
1 colher (chá) de cúrcuma em pó
1 colher (chá) de fermento químico em pó
4 colheres (sopa) de água
5 colheres (sopa) de azeite

Preaqueça o forno a 180 °C. Em um recipiente, misture bem a farinha de grão-de-bico, a farinha de amêndoa, o gergelim preto, o gergelim integral, o alecrim, o sal, a cúrcuma e o fermento. Adicione aos poucos a água e o azeite, o suficiente para obter uma massa homogênea, e vá mexendo com as mãos até que a massa fique lisa. Abra a massa em uma superfície enfarinhada, deixando-a com uma espessura bem fininha. Com um cortador ou uma faca bem afiada, corte quadrados do tamanho que desejar. Faça furinhos com um garfo na massa. Disponha os quadradinhos em uma assadeira levemente untada com azeite. Leve ao forno por cerca de 15 minutos ou até que estejam douradas. Cuidado para não passar do tempo e queimar!

Dicas

Experimente trocar o alecrim e a cúrcuma por páprica picante, manjericão, alho-poró em pó ou salsinha desidratada.

O gergelim é uma excelente fonte de proteínas, rico em gorduras do bem e com grande concentração de fibras. Seu consumo é indicado para controle da glicemia sanguínea, para fortalecer tendões e ossos, para melhorar a elasticidade da pele e fortalecer o sistema gastrointestinal.

O grão-de-bico é famoso por sua alta concentração de proteínas, vitaminas do complexo B e sais minerais! Após o consumo, o nosso organismo utiliza esses nutrientes como fonte de energia. É ideal para melhorar a sua performance e rendimento nas atividades físicas.

Experimente servir os crackers com ricota de macadâmia (receita na p. 23) ou com as outras opções de manteigas e pastas do livro.

Está com pressa e não tem tempo para finalizar a receita? Após misturar todos os ingredientes, abra a massa, corte os quadradinhos, arrume-os em uma assadeira forrada com papel-manteiga, cubra com filme de PVC e leve ao congelador. Quando quiser preparar, retire a assadeira do congelador e deixe na geladeira de um dia para o outro. Em seguida, leve ao forno preaquecido (180 °C) por cerca de 15 minutos.

Substituições
Caso não tenha disponível as farinhas da receita, você pode usar 2 xícaras de farinha de trigo branca ou integral.

Bolo de banana
e castanha-do-pará

25 minutos

6 fatias

até 5 dias

1½ xícara de farinha de trigo
½ colher (chá) de bicarbonato de sódio
1 colher (sopa) de canela em pó
½ colher (chá) de noz-moscada em pó
1 xícara de castanha-do-pará quebradas grosseiramente
1 ovo
4 bananas-nanicas maduras sem casca amassadas
2 colheres (sopa) de melado de cana
4 colheres (sopa) de óleo de coco
1 colher (chá) de sal
1 colher (sopa) de fermento químico em pó

Preaqueça o forno a 180 °C. Em um recipiente, misture a farinha de trigo com o bicarbonato, a canela, a noz-moscada e a castanha-do-pará. Em seguida, adicione o ovo, a banana, o melado, o óleo, o sal e o fermento. Mexa bem até a massa ficar homogênea. Despeje a massa em uma fôrma retangular, de 20 x 9 x 5 cm, untada com óleo e leve para assar por cerca de 40 minutos (espete um palito no centro da massa; se sair limpo, está pronto). Retire do forno, espere amornar e desenforme.

Dicas

A banana é uma fonte de energia rápida, por isso é muito recomendada para o esportista garantir energia antes, durante e após os exercícios. Seus nutrientes ajudam na recuperação das reservas energéticas rapidamente após o treino.

A banana também é ótima fonte de potássio, importante para o bom funcionamento dos músculos. Esse mineral é o responsável por auxiliar na contração muscular e sua falta é relacionada à ocorrência de câimbras.

Você pode cortar o pão em fatias e congelar porções individuais. Quando for consumir, descongele apenas uma fatia no forno ou em uma frigideira untada levemente com azeite ou óleo de coco.

Dê preferência aos ovos orgânicos: eles têm muito mais nutrientes e sabor!

Substituições

Sem glúten: substitua a farinha de trigo por 2 xícaras de farinha de arroz.

Vegana: substitua o ovo por 1 colher (sopa) de linhaça ou chia hidratada com 3 colheres (sopa) de água.

pré-treino

Panqueca de guaraná e açaí em pó

30 minutos

5 porções

até 10 dias

1 ovo
1 banana-nanica amassada
2 colheres (sopa) de farinha de aveia
1 colher (sopa) de guaraná em pó
1 colher (sopa) de açaí em pó

Em um recipiente, misture bem todos os ingredientes. Em uma frigideira antiaderente, untada levemente com óleo de coco ou azeite, despeje uma porção de massa o suficiente para cobrir o fundo da frigideira e leve ao fogo baixo. Doure a panqueca de um lado e vire para dourar o outro lado. Faça isso com o restante da massa. Não é necessário untar a frigideira a cada panqueca, mas, no caso de começar a grudar, unte novamente. Sirva quente ou fria.

Substituições
Vegana: substitua o ovo por 1 colher (sopa) de linhaça hidratada com 3 colheres (sopa) de água.

Dicas
Você pode preparar as panquecas na noite anterior ao seu treino matutino e armazenar em um recipiente com tampa, em temperatura ambiente.

Você também pode preparar uma quantidade maior da receita e congelar em porções individuais. Dessa forma, economiza tempo e sempre deixará no seu estoque opções saudáveis para o pré-treino.

Sirva a panqueca com manteiga de amendoim ou de tâmara (receitas nas pp. 16 e 17). Para ficar ainda mais gostosa, polvilhe a granola com chips de coco (receita na p. 24) por cima.

O açaí é considerado excelente fonte de energia e nutrientes como vitaminas e minerais. É rico também em antioxidantes como carotenoides e compostos fenólicos. Estudos científicos comprovam que sua composição auxilia também no fortalecimento do sistema imunológico.

receitas para esportistas

Smoothie vermelho

10 minutos

2 porções

consumo imediato

1 maçã cortada em cubos com a casca
1 cenoura pequena cortada em cubos sem casca
2 xícaras de água de coco
1 xícara de morangos congelados
1 colher (sopa) de beterraba em pó

Coloque todos os ingredientes no liquidificador e bata bem. Transfira para um copo e beba gelado. Se desejar, acrescente algumas pedras de gelo.

Dicas

Experimente acrescentar framboesas congeladas. Essa frutinha é rica em vitamina C; antioxidantes, como antocianinas; e fibras. Além de ser muito saborosa.

Você pode congelar o smoothie em garrafinhas de 300 ml ou 500 ml. Para descongelar, deixe de um dia para o outro na geladeira.

Caso não tenha morangos congelados, use morangos frescos. Lave-os bem, retire o talo verde e utilize-os.

A beterraba é rica em vitaminas A, C e do complexo B, além de ter fósforo, magnésio, zinco e potássio. Ela também contém nitrato, que melhora o rendimento de atletas, reduzindo a pressão arterial e, consequentemente, melhorando o desempenho no esporte.

Já a maçã é fonte de potássio, cálcio e pectina, fibra que auxilia na eliminação das toxinas do intestino. O potássio e o cálcio ajudam no funcionamento dos rins e controlam distúrbios digestivos.

pré-treino

Chai energético

10 minutos

2 porções

até 1 dia na geladeira

2 xícaras de água
1 xícara de casca de abacaxi
2 colheres (sopa) de chá verde
½ colher (chá) de gengibre fresco ralado
½ colher (sopa) de melado de cana

Ferva a água. Acrescente o restante dos ingredientes e aguarde cerca de 5 minutos. Em seguida, coe e sirva quente ou gelado.

Substituições
Sem adição de açúcar: substitua o melado de cana por ½ colher (sopa) de xarope de agave ou 1 colher (chá) de estévia.

Dicas
Ao usar a casca do abacaxi, dê preferência aos frutos orgânicos.

Você sabia que o chá verde tem catequinas, que favorecem a rápida metabolização das gorduras? Outro excelente benefício é a presença de antioxidantes como flavonoides, taninos e alcaloides. Esses compostos são responsáveis por manter o peso, prevenir radicais livres e estimular a energia do organismo por tempo mais prolongado.

O gengibre, além de ser termogênico, tem efeitos analgésicos e anti-inflamatórios, o que reduz a fadiga muscular. Esse ingrediente tem sido aliado de atletas amadores e profissionais!

Ceviche de coco fresco   41

Overnight de aveia e maca   42

Overnight de espirulina e castanha   43

Pizza caseira   46

Wrap de rúcula, tofu e tomate seco   48

Rolinho primavera   51

Muffin de milho com couve   52

Quiche de brócolis, alho-poró e frango   54

Espaguete de pupunha com almôndegas   58

Bolinhos proteicos de feijão-branco   61

Waffle de cenoura com mel   62

pós-treino

O pós-treino é o momento de repor, através da alimentação, todas as energias gastas durante a prática esportiva e ainda auxiliar no crescimento muscular. Mas o que isso quer dizer?

Neste momento, é preciso fornecer combustível de boa qualidade para ajudar no processo de recuperação e reparação dos músculos. Para isso, os carboidratos e as proteínas são necessários para reabastecer as reservas de glicogênio que foram perdidas durante a atividade física.

Outro grupo nutricional importante para a recuperação no pós-treino são as gorduras boas. Isso mesmo! As gorduras, se consumidas com equilíbrio e de acordo com suas necessidades nutricionais individuais, ajudam tanto no controle e na perda de peso como na hipertrofia muscular.

Neste capítulo você vai encontrar alimentos como ovo, feijão-branco, linhaça, óleo de coco, azeite, queijos e muitos outros que possuem essas funções.

Ceviche de coco fresco

15 minutos

2 porções

até 1 dia na geladeira

1 polpa de coco (cerca de 200 g)
½ colher (chá) de raspas da casca de limão
1 limão espremido
2 colheres (sopa) de azeite
1 dente de alho picado
½ xícara de pimenta biquinho
½ xícara de cheiro-verde picado
1 cebola roxa cortada em rodelas finas
½ xícara de queijo branco cortado em cubos pequenos
½ colher (chá) de sal

Em um recipiente, misture bem todos os ingredientes. Tampe o recipiente e leve à geladeira por cerca de 1 hora ou deixe de um dia para o outro. Sirva em seguida.

Substituições
Vegana: substitua o queijo branco pela mesma quantidade de cogumelos ou pelo queijo vegetal de sua preferência.

Dicas
Experimente acrescentar mais um tipo de fruta no ceviche, como manga ou abacaxi cortados em cubinhos. Além de dar um toque adocicado, você terá uma porção com mais nutrientes para o pós-treino!

O coco é cheio de benefícios em sua composição. Rico em fibras, vitaminas e minerais, ele é capaz de regular o pH do nosso sangue por gerar compostos alcalinos. É também uma excelente fonte de carboidratos para repor as energias após os treinos!

pós-treino

Overnight de aveia e maca

10 minutos + 6 horas de descanso

1 porção

até 1 dia na geladeira

foto na p. **44**

1 xícara de leite de coco
3 colheres (sopa) de chia
2 colheres (sopa) de aveia em flocos grossos
1 colher (sopa) de maca peruana
1 colher (sopa) de mel
2 colheres (sopa) de castanha-do-pará picada
1 manga madura descascada e cortada em cubos pequenos
1 kiwi descascado e cortado em rodelas

Em um recipiente, misture bem o leite de coco com a chia, a aveia, a maca peruana e o mel. Tampe o recipiente e leve à geladeira de um dia para o outro ou por cerca de 6 horas. Antes de servir, acrescente a castanha-do-pará, a manga e as rodelas de kiwi. Sirva gelado.

Substituições
É possível substituir o leite de coco pela mesma quantidade de iogurte natural ou iogurte de kefir (receita na p. 120). Essa troca fornecerá mais proteína para o seu prato.

Vegana: substitua o mel pela mesma quantidade de melado de cana, xarope de agave ou açúcar mascavo.

Sem adição de açúcar: substitua o mel por 1 colher (sopa) de xarope de agave ou 1 colher (chá) de estévia.

Dicas
Esta receita é ideal para repor os carboidratos e proteínas utilizados durante as atividades físicas.

Você pode usar frutas de sua preferência cortando-as em diversos formatos diferentes! Banana, uva e laranja são ótimas opções para repor os carboidratos gastos nos treinos.

receitas para esportistas

Overnight de espirulina e castanha

10 minutos
+ 6 horas de descanso

1 porção

até 1 dia na geladeira

foto na p. **44**

1 xícara de leite de coco
3 colheres (sopa) de chia
2 colheres (sopa) de aveia em flocos grossos
1 colher (sopa) de espirulina
2 colheres (sopa) de castanha-de-caju picada
2 colheres (sopa) de geleia de morango sem açúcar
1 xícara de morangos
1 xícara de mirtilos

Em um recipiente, misture bem o leite de coco com a chia, a aveia e a espirulina. Tampe o recipiente e leve à geladeira de um dia para o outro ou por cerca de 6 horas. Antes de servir, acrescente a castanha-de-caju, a geleia de morango, os morangos cortados ao meio e os mirtilos. Sirva gelado.

Substituições
Caso não encontre a espirulina, você pode substituir por ½ colher (sopa) de beterraba em pó, cacau em pó, alfarroba em pó ou chá verde em pó.

Dicas
O overnight é um tipo de lanche rápido muito consumido nos Estados Unidos. É uma excelente opção de café da manhã rápido e saudável. Além do que, combinando os ingredientes certos, é considerado pós-treino ou um lanche para o dia a dia.

A geleia de morango é uma boa opção para adoçar o seu overnight. Você pode escolher o sabor de sua preferência! A geleia de damasco dá um toque especial nesta receita, experimente!

A espirulina, fonte de proteínas, irá repor esse nutriente após os treinos, cuja principal função é auxiliar no processo de construção muscular. Já as frutas, a aveia e o leite de coco têm alta concentração de carboidrato para repor a energia gasta.

pós-treino

receitas nas pp. **42 e 43**

receita na p. **46**

Pizza caseira

1 hora

2 pizzas de 15 cm de diâmetro

até 3 dias na geladeira / massa congelada até 1 mês

foto na p. 45

Massa
1 sachê (10 g) de fermento biológico seco
1 xícara de água morna
1 colher (sopa) de açúcar demerara
2 xícaras de farinha de trigo integral
¼ de xícara de azeite
1 xícara de molho de tomate caseiro (receita nas Dicas)

Recheio
2 colheres (sopa) de azeite
1 berinjela cortada em fatias finas
½ colher (chá) de sal
½ colher (chá) de pimenta-do-reino moída
1 xícara de homus (receita na p. 138)
1 xícara de rúcula
2 colheres (sopa) de azeitona preta
2 colheres (sopa) de queijo meia cura ralado
½ xícara de manjericão fresco

Massa
Em um recipiente, misture o fermento com a água e o açúcar demerara. Deixe descansar por 10 minutos. Em outro recipiente, coloque a farinha de trigo integral, junte o fermento e o azeite. Mexa com a ponta dos dedos e amasse até obter uma massa homogênea. Sove a massa por cerca de 5 minutos para que fique macia. Molde a massa em uma bola e deixe coberta com um pano de prato por cerca de 30 minutos para que dobre de volume. Preaqueça o forno a 180 °C. Em uma superfície enfarinhada, divida a massa ao meio e abra com um rolo cada uma das partes. Quanto mais você abrir, mais fina ficará a pizza. Em seguida, passe as massas para duas assadeiras redondas, com 15 cm de diâmetro, untadas levemente com azeite. Leve-as para assar por cerca de 10 minutos. Retire do forno, espalhe o molho de tomate sobre elas e leve novamente ao forno por 5 minutos. Retire do forno e reserve para o recheio.

Recheio
Preaqueça o forno a 200 °C. Em uma frigideira grande, aqueça o azeite e grelhe as fatias de berinjela até ficarem douradas dos dois lados. Tempere com o sal e a pimenta. Desligue o fogo e reserve. Espalhe o homus sobre as pizzas pré-assadas. Em seguida, distribua a berinjela grelhada, a rúcula, a azeitona e o queijo sobre as pizzas. Leve ao forno para gratinar rapidamente. Retire do forno, espalhe o manjericão sobre elas e sirva.

Substituições

Você pode substituir o queijo meia cura pela mesma quantidade de mozarela de búfala ou mozarela light.

Sem glúten: substitua a farinha de trigo integral da massa pela mesma quantidade de farinha de arroz. Se a massa ficar mais seca, adicione um pouco mais de azeite até dar o ponto.

Sem lactose: use uma opção de queijo zero lactose ou tofu no recheio na mesma quantidade indicada na lista de ingredientes.

Vegana: retire o queijo meia cura do recheio e substitua pela mesma quantidade de parmesão vegano ralado ou por castanha-do-pará ralada a gosto.

Dicas

Reserve um dia da semana e já deixe seu molho de tomate caseiro pronto! Basta lavar bem 1 kg de tomate orgânico, cortar em cubos grandes, cozinhar na panela com sal, orégano e pimenta. Deixe apurar bem por cerca de 20 minutos. Se desejar o molho liso, bata no liquidificador. Você pode porcionar esse molho e congelar por até 1 mês.

Prepare a massa da pizza e congele em porções no formato de bolinhas. Assim, você sempre terá disponível no seu congelador para os dias mais corridos!

Dê preferência ao molho de tomate caseiro ou molho de tomate pronto orgânico. O tomate, rico em licopeno, é uma excelente opção para se consumir após treinos, pois suas ações antioxidantes auxiliam na recuperação muscular para que seja mais rápida e melhoram o rendimento.

Para deixar a pizza com mais fibras, adicione 2 colheres (sopa) de linhaça dourada na massa.

Wrap de rúcula, tofu e tomate seco

15 minutos

2 porções

até 1 dia na geladeira

2 colheres (sopa) de azeite
1 xícara de tomate seco picado grosseiramente
1 xícara de tofu firme
1 cenoura pequena ralada
1 colher (chá) de sal
1 colher (chá) de curry em pó
1 colher (chá) de óleo de gergelim
½ colher (chá) de pimenta-do-reino moída
2 folhas grandes de couve manteiga
2 xícaras de rúcula cortada em tiras finas
1 xícara de repolho roxo picado

Em uma frigideira, aqueça o azeite e refogue o tomate seco com o tofu e a cenoura. Tempere com o sal, o curry, o óleo de gergelim e a pimenta. Desligue o fogo. Lave e seque bem as folhas da couve. Retire a parte mais grossa do talo, que fica no meio da folha, fazendo um corte no sentido do comprimento. Coloque uma folha sobre uma superfície plana e espalhe metade do refogado de tofu sobre ela, mas não leve até as laterais, deixe uma borda sem recheio. Acrescente metade da rúcula e do repolho roxo crus sobre o refogado. Dobre as bordas da folha que ficaram sem recheio para dentro para evitar que, na hora de enrolar, o recheio saia. Em seguida, enrole-a como um rocambole. Faça o mesmo com a outra folha e a outra metade do recheio.

Substituições
Você pode substituir o tofu pela mesma quantidade de lentilha, ervilha fresca ou feijão cozidos.

Você pode substituir a couve por outras folhas verdes como alface ou chicória.

Dicas
Os wraps duram até o dia seguinte se conservados em geladeira. Você pode aproveitar os ingredientes que tem na sua despensa para variar o recheio. Utilize tomates picados, pimentões, cebola, pastinhas caseiras, homus (receita na p. 138), ricota (receita na p. 23) e até requeijão!

Você conhece o óleo de gergelim? Ele é uma excelente fonte de gorduras boas, desde que seja consumido com moderação e equilíbrio. Ele estimula a queima de gordura e é um aliado da pele. Você pode utilizá-lo como tempero para saladas.

O tofu é uma ótima fonte de proteínas.

Rolinho primavera

20 minutos

2 porções

até 1 dia na geladeira

- água morna para hidratar as folhas
- 2 folhas de papel de arroz
- 4 folhas de alface lisa
- 1 xícara de cenoura cortada em tirinhas
- 1 xícara de tomate cortado em tirinhas
- 1 xícara de abobrinha cortada em tirinhas
- ½ xícara de rabanete com casca cortado em rodelas finas
- 2 colheres (sopa) de hortelã picada
- 1 colher (chá) de sal
- ½ colher (chá) de noz-moscada em pó
- ½ colher (chá) de aceto balsâmico
- 1 colher (sopa) de gergelim preto

Em um recipiente grande e fundo, coloque a água morna. Em seguida, hidrate as folhas de papel de arroz (uma de cada vez) nessa água para que fiquem com a textura mais mole. Retire-as da água e coloque-as, separadas, em uma superfície lisa. Disponha duas folhas de alface sobre cada folha de papel de arroz. Depois, divida metade das tirinhas de cenoura e de tomate, metade da abobrinha, metade do rabanete e metade da hortelã sobre cada folha. Tempere com o sal e a noz-moscada. Polvilhe com o aceto balsâmico e o gergelim preto sobre elas. Enrole os rolinhos como rocambole e sirva.

Dicas

É possível encontrar as folhas de papel de arroz em lojas de produtos orientais. Como o próprio nome diz, ela é feita de arroz, que é um carboidrato, portanto é ideal para consumir após treinos e competições.

Você pode acrescentar outros ingredientes no seu rolinho, como milho verde e lentilha cozidos, folhas verde-escuras, beterraba e pimentão.

As ervilhas frescas cozidas podem ser consumidas tanto quentes como frias, em saladas, ou com outros legumes como no rolinho. Elas são excelentes fontes de proteínas e sais minerais. Têm compostos essenciais para o fortalecimento dos músculos e são de fácil digestão.

pós-treino

35 minutos

10 muffins

até 2 dias na geladeira

Muffin de milho
com couve

2 ovos
1 xícara de leite de arroz
½ xícara de óleo de girassol
½ xícara de farinha de trigo integral
½ xícara de flocos de milho pré-cozidos
1 xícara de milho verde cozido
1 xícara de couve picada
1 colher (sopa) de folhas de manjericão
1 colher (chá) de sal
1 colher (chá) de pimenta dedo-de-moça picada e sem sementes
1 colher (sopa) de fermento químico em pó

Preaqueça o forno a 180 °C. Em um liquidificador, bata os ovos com o leite e o óleo. Acrescente a farinha de trigo integral com os flocos de milho, o milho, a couve, o manjericão, o sal, a pimenta e o fermento. Bata até misturar por completo. Despeje a massa em forminhas de muffin levemente untadas com azeite e leve para assar por cerca de 25 minutos (espete um palito no centro da massa; se sair limpo, está pronto). Sirva quente ou frio.

Substituições
Sem glúten: substitua a farinha de trigo integral pela mesma quantidade de farinha de arroz branca ou integral.

Dicas
Você pode congelar os muffins após assados. Para descongelar, basta levá-los ao forno novamente por cerca de 10 a 15 minutos.

Incremente o seu muffin adicionando beterraba em pó ou espinafre em pó na massa antes de assar. Eles terão ainda mais nutrientes, além de ficarem de cores diferentes!

O milho é uma fonte rica em carboidratos por sua alta concentração de fibras! Dê preferência ao milho orgânico, que preserva muito mais os nutrientes.

receitas para esportistas

35 minutos

10 porções

até 2 dias na geladeira

foto na p. 56

Quiche de brócolis, alho-poró e frango

Massa
1½ xícara de farinha de trigo integral
½ xícara de aveia em flocos finos
½ colher (chá) de sal
4 colheres (sopa) de azeite
4 colheres (sopa) de água

Recheio
2 colheres (sopa) de azeite
½ cebola picada
1 xícara de alho-poró cortado em rodelas finas
1 dente de alho picado
2 xícaras de frango cozido e desfiado
2 xícaras de brócolis cozidos
½ xícara de cheiro-verde picado
2 colheres (sopa) de linhaça dourada
1 ovo batido
1 colher (chá) de sal
1 colher (chá) de cominho em pó
½ colher (chá) de pimenta-do-reino moída
1 xícara de queijo parmesão ralado

Massa
Preaqueça o forno a 180 °C. Em um recipiente, misture a farinha, a aveia e o sal. Adicione o azeite e a água aos poucos e amasse até formar uma massa homogênea. O ponto será quando a massa não grudar mais nas mãos e for possível moldá-la em uma única bola. Sove bem a massa para ficar macia. Em uma superfície enfarinhada, abra a massa com um rolo até que ela fique do tamanho que forre o fundo e as laterais de uma fôrma redonda, de fundo removível, com 21 cm de diâmetro. Faça pequenos furos com um garfo na massa do fundo da fôrma para não levantar bolhas enquanto estiver assando. Leve ao forno para assar por cerca de 20 minutos. Retire do forno e reserve.

Recheio
Em uma frigideira, aqueça o azeite e refogue a cebola com o alho-poró e o alho. Adicione o frango, os brócolis e o cheiro-verde. Refogue bem. Desligue o fogo, acrescente a linhaça, o ovo, o sal, o cominho em pó e a pimenta-do-reino. Espalhe o recheio sobre a massa pré-assada. Por cima, distribua o queijo parmesão. Leve novamente ao forno para gratinar por cerca de 10 minutos. Sirva quente.

Substituições

Sem glúten: substitua a farinha de trigo integral pela mesma quantidade de farinha de arroz.

Sem lactose: use queijo zero lactose ou o queijo vegetal de sua preferência.

Vegana: substitua o ovo por ½ xícara de tofu amassado e o frango pela mesma quantidade de cogumelos refogados ou lentilha cozida.

Dicas

Depois de preparar a massa, você pode forrar pequenas fôrmas de tortas de porções individuais e congelar por cerca de 1 mês. Para descongelar, basta levar a tortinha ao forno preaquecido a 180 °C por cerca de 20 minutos ou até dourar e acrescentar o recheio.

Você conhece a manteiga ghee? Ela é uma ótima fonte de vitamina A com ações antioxidantes e, dependendo do seu modo de preparo, já pode ser considerada sem lactose. Mas é preciso ter cuidado e conhecer bem o seu fornecedor!

Dê preferência ao frango orgânico. Além de não conter aditivos químicos, o sabor é mais acentuado.

receita na p. 54

receita na p. 58

Espaguete de pupunha
com almôndegas

30 minutos

3 porções

até 2 dias na geladeira (prato pronto) / até 4 dias na geladeira (almôndegas)

foto na p. 57

Almôndegas
500 g de patinho moído
½ cebola picada
1 dente de alho picado
1 xícara de cenoura ralada
½ xícara de cheiro-verde picado
1 colher (sopa) de orégano
1 colher (sopa) de molho de soja light
1 colher (chá) de sal
½ colher (chá) de páprica (doce ou picante)

Espaguete
2 palmitos pupunha frescos
½ xícara de azeite
½ cebola picada
1 dente de alho picado
1 colher (chá) de sal
1 colher (chá) de cominho em pó
1 xícara de brotos para decorar
½ xícara de castanha-do-pará ralada

Almôndegas
Preaqueça o forno a 180 °C. Em um recipiente, misture com as mãos todos os ingredientes. Faça bolinhas do mesmo tamanho e disponha em uma assadeira untada com azeite. Leve para assar por cerca de 20 minutos. Lembre-se de virar as almôndegas na metade do tempo para que dourem de todos os lados. Enquanto as almôndegas ficam no forno, prepare o espaguete.

Espaguete
Com uma faca bem afiada, corte o palmito em fatias bem fininhas. Em uma frigideira, aqueça o azeite e refogue a cebola com o alho. Adicione as tirinhas de palmito, tempere com o sal e o cominho e refogue bem. Desligue o fogo, transfira para um recipiente de servir e coloque as almôndegas por cima. Decore com os brotos e polvilhe com a castanha-do-pará ralada. Sirva quente.

Substituições

Você pode substituir o palmito pela mesma quantidade de abobrinha ou cenoura. Pode também utilizar o espaguete de palmito pronto de sua preferência. Porém, ao comprá-lo, atente para a qualidade de nutrientes descritos na tabela nutricional do produto. Dê preferência aos produtos orgânicos.

Vegana: substitua o patinho pela mesma quantidade de cogumelos, tofu firme ou lentilha cozida.

Dicas

Leve as almôndegas para pré-assar por cerca de 10 minutos, retire do forno, espere amornar e congele em porções individuais. Para descongelar, basta levá-las novamente ao forno por 10 minutos ou grelhar na frigideira com azeite.

O espaguete feito de legumes é muito mais saudável, pois contém mais fibras e nutrientes. Além de conter o próprio carboidrato do legume.

Ao comprar o molho de soja, evite aqueles que contêm adição de sódio e de corantes artificiais. Alguns molhos de soja contêm glúten, se você não pode ou não quer consumir essa proteína, atente para o rótulo do produto.

Bolinhos proteicos
de feijão-branco

35 minutos

4 bolinhos

até 1 dia na geladeira

2 xícaras de feijão-branco cozido e amassado
½ cebola roxa picada
1 dente de alho picado
½ xícara de salsinha picada
½ xícara de farinha de arroz integral
½ xícara de farinha de linhaça dourada
1 limão espremido
2 colheres (sopa) de azeite
1 colher (chá) de sal
1 colher (chá) de pimenta-do-reino moída

Preaqueça o forno a 180 °C. Em um recipiente, misture, com as mãos, todos os ingredientes até obter uma massa homogênea. Se a massa estiver muito úmida, ficará mole e difícil de moldar os bolinhos, então, adicione um pouco mais de farinha de arroz. Se a massa estiver muito seca e quebradiça, acrescente um pouco mais de azeite. Em seguida, modele os bolinhos com cerca de 2 cm de diâmetro e disponha em uma assadeira levemente untada com azeite. Leve para assar durante 20 minutos ou até estarem dourados. Sirva quente ou frio.

Substituições
O feijão-branco pode ser substituído pela mesma quantidade de feijão-fradinho, feijão-preto ou feijão-azuqui.

Dicas
Experimente servir os bolinhos com pastinhas e salada.

Você pode congelar porções de 4 bolinhos. Para descongelar, retire do freezer e aguarde cerca de 20 minutos. Em seguida, leve ao forno preaquecido a 180 °C por cerca de 10 minutos.

O feijão-branco é excelente fonte de proteínas e carboidratos. Uma junção de nutrientes ideal para repor as energias.

pós-treino

15 minutos

2 porções

até 1 dia

Waffle de cenoura com mel

1 cenoura pequena sem casca cortada em rodelas
1 xícara de farinha de trigo integral
2 ovos
1 colher (sopa) de açúcar demerara
¼ de xícara de óleo de coco
½ xícara de leite desnatado
2 colheres (sopa) de mel

Em um liquidificador, bata bem todos os ingredientes, exceto o mel. Despeje na máquina própria para preparar waffles. Feche e deixe dourar dos dois lados. Despeje o mel e sirva em seguida.

Substituições
Sem glúten: substitua a farinha de trigo integral pela mesma quantidade de farinha de arroz integral ou farinha de grão-de-bico.

Vegana: retire o ovo e acrescente 4 colheres (sopa) de azeite ou de óleo de coco.

Dicas
Caso você não tenha a máquina de waffles, não tem problema! Você pode preparar a massa em formato de panqueca na frigideira. Aqueça uma frigideira antiaderente pequena levemente untada com azeite ou óleo de coco. Coloque metade da massa, doure de um lado e, depois, do outro. Faça o mesmo com a outra metade de massa.

Dobre a receita, prepare mais porções e congele para ter sempre disponível algo deliciosamente saudável para comer após os seus treinos e competições.

Experimente mudar o sabor do waffle substituindo a cenoura por ½ xícara de beterraba ou couve picada. Adicione outras texturas também com coco em flocos ou amendoim triturado.

Sanduíche de tapenade de azeitona
e mix de folhas   67

Palitinhos de polenta com flocos
de milho e alecrim   68

Tacos com guacamole   71

Sorvetes de frutas   72

Hambúrguer de cogumelos   76

Bolo de chocolate e chia   79

day off

É o dia da semana mais esperado por todos os praticantes de esportes! Descanse da prática e realize suas atividades diárias – no trabalho, na vida pessoal ou no lazer – com moderação e equilíbrio, sem exageros e sem cobranças.

Neste capítulo, você encontrará receitas muito gostosas, com ingredientes saudáveis e ricos em nutrientes que vão proporcionar muitos benefícios para a sua saúde, mesmo naqueles dias em que você deseja comer bolo de chocolate, sorvete ou hambúrguer.

Aproveite este dia para preparar uma refeição bem gostosa e chamar a família e os amigos!

Sanduíche de tapenade de azeitona e mix de folhas

25 minutos

1 porção

até 4 dias na geladeira (tapenade) / até 1 dia na geladeira (sanduíche)

Tapenade de azeitona
1 xícara de azeitona preta azapa sem caroço
½ xícara de cheiro-verde picado
2 dentes de alho
½ cebola picada
2 colheres (sopa) de azeite
½ limão espremido
1 colher (chá) de sal
1 colher (chá) de pimenta-do-reino moída

Sanduíche
1 pão ciabatta integral
1 xícara de agrião rasgado grosseiramente
1 xícara de rúcula rasgada grosseiramente
½ cebola cortada em rodelas finas

Tapenade de azeitona
Em um processador, bata todos os ingredientes até obter uma pasta lisa e cremosa. Leve à geladeira por 15 minutos.

Sanduíche
Corte o pão ciabatta ao meio no sentido do comprimento. Distribua uma camada de tapenade de azeitonas sobre o miolo. Coloque o agrião, a rúcula e a cebola. Cubra com a outra fatia de pão e sirva.

Substituições
Caso não encontre as azeitonas azapa, utilize azeitonas verdes.

Sem glúten: substitua o pão ciabatta por uma opção de pão sem glúten ou por uma panqueca ou crepioca.

Dicas
A tapenade é uma excelente opção de pastinha para consumir em qualquer momento do dia! Muito leve e nutritiva, você pode comer com cream-cracker (receita na p. 28), pãezinhos ou como molho de salada.

Faça o dobro da receita de tapenade e congele em porções individuais por até 1 mês. Para descongelar, retire do congelador e deixe na geladeira de um dia para o outro.

067

1 hora
de descanso
+ 20 minutos

12 palitinhos

até 1 dia

Palitinhos de polenta
com flocos de milho e alecrim

2 xícaras de água
1 colher (chá) de sal
1 colher (chá) de pimenta-do-reino moída
½ colher (chá) de curry em pó
1 xícara de fubá
½ xícara (chá) de flocos de milho sem açúcar
2 colheres (sopa) de alecrim fresco picado

Leve uma panela ao fogo e misture a água, o sal, a pimenta e o curry. Adicione o fubá aos poucos e mexa delicadamente sem parar até que a massa fique firme. Desligue o fogo e despeje a polenta em uma assadeira forrada com papel-manteiga. Deixe na geladeira por cerca de 1 hora. Preaqueça o forno a 180 °C. Retire a polenta da geladeira, corte-a em palitos e empane nos flocos de milho. Disponha os palitos em outra assadeira levemente untada com azeite, espalhe o alecrim por cima e leve para assar por cerca de 30 minutos. Vire de vez em quando para que todos os lados fiquem dourados. Sirva quente.

Dicas
Para congelar a polenta, faça os palitos e disponha em um recipiente com tampa. Congele por até 1 mês. Para descongelar, retire do freezer e aguarde cerca de 20 minutos. Empane nos flocos de milho e finalize com o processo da receita.

Você pode acrescentar outras ervas como manjericão, orégano, salsinha, manjerona, coentro, tomilho ou sálvia.

Tacos com guacamole

25 minutos

4 porções

até 4 dias na geladeira (guacamole)

Guacamole
1 abacate maduro
1 xícara de tomate picado
½ xícara de salsinha picada
1 cebola roxa picada
1 colher (sopa) de suco de limão
1 pimenta dedo de moça picada sem sementes

Montagem dos tacos
1 embalagem de tacos prontos
1 xícara de repolho roxo picado
1 xícara de milho verde cozido
1 xícara de feijão-carioca cozido (com pouco caldo)

Guacamole
Em um recipiente, amasse com um garfo o abacate e misture com o tomate, a salsinha, a cebola roxa, o suco de limão e a pimenta.

Montagem dos tacos
Preaqueça o forno a 180 °C. Recheie os tacos com uma porção de guacamole e espalhe o repolho roxo, o milho verde e o feijão carioca. Leve ao forno para aquecer e sirva em seguida.

Dicas
Sirva os tacos acompanhados de vinagrete com pimenta, rodelas de limão e sour cream.

Experimente substituir a salsinha pelo coentro. Apesar do sabor mais marcante, ele traz muitos benefícios para a nossa saúde, protegendo e fortalecendo o sistema imunológico.

Substituições
Você pode substituir o feijão-carioca por feijão-preto ou feijão-azuqui, que têm sabores diferentes e agregam mais nutrientes para o day off.

Sem glúten: caso não encontre tacos sem glúten, experimente esta receita com tacos feitos de tapioca. Aqueça uma frigideira antiaderente, coloque 1 xícara de farinha para tapioca, aperte levemente com as costas de uma colher para fazer a massa se unir e vire para dourar dos dois lados. Depois, é só seguir o passo a passo da montagem.

Sorvetes de frutas

10 minutos
+ 3 horas no
congelador

6 porções

até 1 mês
congelado

foto na
p. 74

Manga e gengibre

1 manga tommy madura
½ xícara de biomassa de banana verde
1 colher (chá) de gengibre fresco ralado
3 colheres (sopa) de leite de coco

Lave bem a manga, retire a casca e corte em pequenos cubos. Bata em um processador junto com a biomassa, o gengibre e o leite de coco. Em um recipiente, leve ao congelador por cerca de 1 hora. Retire, volte ao processador e bata novamente. Leve de volta ao congelador por 2 horas. Sirva.

Morango e menta

1 xícara de morangos congelados
1 banana-nanica cortada em rodelas e congelada
1 colher (sopa) de açúcar mascavo
1 colher (sopa) de menta ou hortelã
3 colheres (sopa) de leite de coco
1 colher (sopa) de chocolate amargo picado

Em um processador, bata os morangos com a banana, o açúcar, a menta e o leite de coco. Bata bem até obter um creme. Em um recipiente, leve ao congelador por cerca de 1 hora. Retire do freezer, volte ao processador e bata novamente. Coloque de volta no recipiente, misture o chocolate picado e leve ao congelador por mais 2 horas. Sirva.

receitas para esportistas

Substituições

Você pode substituir o gengibre fresco por ½ colher (chá) de gengibre em pó ou de cúrcuma em pó.

Você pode substituir a biomassa de banana verde por ½ xícara de creme de leite zero lactose ou iogurte natural.

Dicas

Sirva o sorvete acompanhado de crocante de castanhas. Para fazer, você só precisa picar grosseiramente as castanhas e aquecê-las com açúcar de coco ou demerara em uma frigideira.

Experimente outras combinações de frutas como: morango + abacate / frutas vermelhas + banana / kiwi + banana / manga + coco

A biomassa de banana verde é ótima fonte de fibras! Nos mercados, é possível encontrar sua versão congelada.

receitas na p. **72**

receita na p. 76

Hambúrguer de cogumelos

45 minutos

5 hambúrgueres

até 1 dia na geladeira

foto na p. **75**

1 colher (sopa) de azeite
½ xícara de cebola picada
1 dente de alho picado
1 xícara de mix de cogumelos picados (ver dica)
1 colher (chá) de sal
½ colher (chá) de páprica picante
1 xícara de cebolinha picada
1 colher (sopa) de mostarda amarela
1 batata-doce sem casca cozida e amassada
1 xícara de aveia em flocos
1 colher (chá) de tempero lemon pepper

Preaqueça o forno a 180 °C. Em uma frigideira, aqueça o azeite e refogue a cebola e o alho. Em seguida, junte os cogumelos e refogue. Adicione o sal, a páprica e a cebolinha. Desligue o fogo, transfira o refogado para um recipiente e misture com a mostarda, a batata-doce, a aveia e o lemon pepper. Misture bem até obter uma massa que não grude nas mãos. Se necessário adicione um pouco mais de aveia. Em seguida, modele os hambúrgueres e disponha em uma assadeira levemente untada com azeite. Leve para assar por cerca de 15 minutos. Se preferir, grelhe na frigideira com um fio de azeite.

receitas para esportistas

Substituições

Você pode substituir os cogumelos por feijão-carioca ou feijão-azuqui cozido amassado, abobrinha ou berinjela cruas e picadas. Sirva com gotinhas de limão para dar mais sabor!

A farinha de aveia pode ser substituída pela mesma quantidade de farinha de trigo integral ou farinha de arroz integral. É importante escolher uma opção que contenha fibras.

Dicas

Você pode montar o mix de cogumelos de acordo com a sua preferência (por exemplo, shimeji, shiitake, paris, portobello) ou utilizar somente um tipo. Os cogumelos são fonte de proteína, contêm aminoácidos como lecitina e glutamina, pouca gordura e são ricos em fibras.

Para higienizar os cogumelos, é preciso umedecer levemente um paninho e passar pela superfície. Evite colocá-los diretamente na água, pois absorvem uma quantidade muito grande do líquido e ficam borrachudos.

Para congelar os hambúrgueres, finalize a etapa da massa, modele o formato e disponha em um recipiente com tampa. Armazene no congelador por até 1 mês. Para descongelar, retire do freezer e leve ao forno por cerca de 20 minutos ou deixe na geladeira até que descongele por completo e aqueça na frigideira com azeite.

Bolo de chocolate e chia

45 minutos

12 pedaços

até 4 dias

1 xícara de açúcar demerara
2 colheres (sopa) de óleo de girassol
1 ovo
2 xícaras de farinha de trigo integral
2 xícaras de leite de arroz
1 xícara de chocolate amargo derretido
1 colher (sopa) de chia
1 colher (sopa) de fermento químico em pó

Preaqueça o forno a 180 °C. Em um liquidificador, bata o açúcar com o óleo e o ovo. Em seguida, adicione, aos poucos, a farinha de trigo integral, o leite de arroz e o chocolate. Pare de bater, acrescente a chia e o fermento. Bata com o botão pulsar até misturar tudo por completo. Coloque a massa em uma fôrma com furo no meio de 21 cm de diâmetro untada levemente com óleo. Leve para assar por cerca de 35 minutos (espete um palito no centro da massa; se sair limpo, está pronto). Retire do forno, espere amornar e desenforme. Sirva frio.

Dicas

Você pode variar a receita substituindo a chia por linhaça dourada.

Dê preferência ao açúcar demerara, açúcar mascavo ou melado de cana.

Incremente o seu bolo com uma calda de chocolate. Basta derreter 1 xícara de chocolate e misturar com ½ xícara de creme de leite ou biomassa de banana verde.

Substituições

Caso você não tenha leite de arroz, utilize a mesma medida do leite de sua preferência ou água.

Vegana: substitua o ovo por ½ banana-nanica madura e amassada ou ¼ de xícara de suco de maçã.

Sem glúten: substitua a farinha de trigo integral por um mix de farinha sem glúten. Prepare o seu mix com 350 g de farinha de arroz + 100 g de fécula de batata + 100 g de polvilho doce + 50 g de amido de milho. Armazene em um recipiente de vidro com tampa. Para a receita, use o equivalente à quantidade de farinha de trigo integral.

Panquecas de trigo-sarraceno   83

Salada de sardinha, leguminosas e brie   84

Macarrão de arroz com pesto de
castanha-de-caju   87

Shake de açaí com banana e colágeno   88

Shake de chocolate com matcha   91

preparação para provas

Todos os atletas – amadores ou profissionais – precisam prestar atenção ao que comem nos dias que precedem as competições. Esse cuidado fará diferença no momento de manter o ritmo constante e na busca pelo melhor desempenho. E tudo isso está diretamente ligado a planejamento alimentar e físico.

Além da hidratação, que vai abastecer todas as células do corpo, a alimentação deve conter em sua base fontes de fibras, gorduras boas, carboidratos complexos e proteínas de qualidade. A regra aqui é garantir a reserva de combustível do corpo.

Panquecas de trigo-sarraceno

25 minutos

4 porções

até 2 dias na geladeira

1 xícara de leite de arroz
1 xícara de farinha de trigo-sarraceno
1 ovo
½ xícara de cheiro-verde picado
1 colher (sopa) de tomilho
1 colher (chá) de sal
1 colher (chá) de pimenta-do-reino moída
2 colheres (sopa) de azeite
1 colher (sopa) de chia

Em um liquidificador, bata bem todos os ingredientes, exceto a chia. Por último, adicione a chia e pulse rapidamente para misturá-la na massa. Aqueça uma frigideira antiaderente com um fio de azeite e despeje uma concha da massa. Doure de um lado e, depois, do outro. Repita esse procedimento com toda a massa.

Dicas
Sirva as panquecas com ghee, geleia, manteiga de amendoim ou manteiga de tâmaras (receitas nas pp. 16-17).

As panquecas podem ser servidas com recheios doces ou salgados. A principal característica dessa massa é ser bem fininha! Você pode preparar diversas porções e congelar. Para consumir, é só aquecê-las na frigideira novamente. São opções leves e práticas de refeições para você se preparar para competições! Em sua composição, podemos encontrar quantidades balanceadas de proteínas e carboidratos integrais.

Experimente adicionar canela em pó ou cacau em pó na massa e monte com um recheio doce como geleia ou frutas picadas.

A farinha de trigo-sarraceno não contém glúten, apesar do nome! O ingrediente é uma boa fonte de minerais, contém alto teor de proteínas e aminoácidos essenciais como lisina e triptofano, que auxiliam na sensação de prazer e bem-estar. Você pode encontrar o trigo-sarraceno ou sua farinha em casas de produtos naturais ou zonas cerealistas.

Substituições
Você pode substituir o leite de arroz pela mesma quantidade de leite de coco, leite de amêndoa, água ou leite desnatado.

Você também pode substituir a farinha de trigo-sarraceno pela mesma quantidade de farinha de trigo integral.

Vegana: substitua o ovo por 1 colher (sopa) de linhaça ou chia hidratada em 3 colheres (sopa) de água.

preparação para provas

083

15 minutos

4 porções

até 2 dias na geladeira

Salada de sardinha, leguminosas e brie

1 xícara de agrião rasgado grosseiramente
1 xícara de couve rasgada grosseiramente
1 xícara de brócolis cozidos
1 xícara de sardinha em lata sem espinha e cortada em pedaços pequenos
1 xícara de grão-de-bico cozido
½ xícara de feijão-azuqui cozido
½ xícara de queijo brie cortado em cubos
1 colher (chá) de sal
1 colher (chá) de pimenta rosa em grãos
2 colheres (sopa) de azeite
1 limão espremido

Em um recipiente, misture delicadamente todos os ingredientes. Por último, regue com o azeite e o limão. Sirva em seguida.

Dicas
Dê preferência a montar a sua salada com folhas verde-escuras, pois elas contêm vitamina E e antioxidantes, que auxiliam na prevenção do envelhecimento precoce das células. Além disso, o consumo diário desse tipo de folhas fortalece as atividades cerebrais.

Deixe o grão-de-bico e o feijão-azuqui de molho na água de um dia para o outro para eliminar os fitatos (antinutrientes presentes nos grãos). Descarte a água e cozinhe-os, separadamente, em uma panela de pressão. Você pode preparar uma quantidade maior desses grãos e utilizar para fazer snacks de grão-de-bico e de feijão-azuqui. Para isso distribua os grãos cozidos em uma assadeira untada com azeite, tempere com sal e pimenta-do-reino moída e leve ao forno até ficarem crocantes e douradinhos.

Experimente variar a sua salada com outras leguminosas como lentilha, ervilha e soja. Em mercados de produtos naturais, é possível encontrar a lentilha laranja, que, além de conter muitos nutrientes e ser saborosa, deixa a salada mais colorida!

Substituições
Sem lactose e vegana: substitua o queijo brie por tofu em cubinhos, que podem ser grelhados na frigideira com azeite, sal e pimenta.

084

Macarrão de arroz com pesto de castanha-de-caju

30 minutos

2 porções

até 1 dia na geladeira (prato pronto) / até 5 dias na geladeira (pesto)

1 litro de água
1 colher (chá) de sal
1 colher (chá) de azeite
2 xícaras de macarrão de arroz

Pesto
1 xícara de castanha-de-caju demolhada
1 xícara de folhas de manjericão fresco
1 xícara de agrião
½ xícara de azeite
½ xícara de folhas de hortelã fresca
2 dentes de alho
1 limão espremido
1 colher (chá) de sal
½ colher (chá) de pimenta-do-reino moída
½ colher (chá) de cominho em pó
1 colher (chá) de levedura nutricional

Substituições
Você pode substituir a castanha-de-caju pela mesma quantidade de castanha-do-pará ou amêndoas cruas. Não se esqueça de fazer a demolha, como indicado ao lado.

Em uma panela, ferva a água, adicione o sal e o azeite. Em seguida, cozinhe o macarrão de acordo com as instruções da embalagem do produto. Enquanto isso, prepare o pesto.

Pesto
Em um processador, bata todos os ingredientes, não bata muito para que fiquem alguns pedaços e o pesto fique rústico. Escorra o macarrão cozido, coloque em um recipiente de servir, regue com o pesto e misture bem. Sirva em seguida.

Dicas
Você pode acompanhar o macarrão com queijo parmesão ou meia cura ralado.

Como demolhar a castanha-de-caju? Coloque em um recipiente grande, cubra a castanha com água e deixe descansar de um dia para o outro. Descarte a água, escorra bem e utilize na receita. Esse processo permite que os fitatos (antinutrientes) sejam eliminados e que a castanha fique com a textura mais macia.

Você encontra o macarrão de arroz, também chamado de bifum, em mercados tradicionais e empórios especializados em produtos orientais.

A levedura nutricional, além de agregar sabor à receita, irá fornecer fibras e nutrientes que regularizam o sistema digestivo e fortalecem o sistema imunológico.

Você pode congelar o pesto em porções individuais por até 1 mês. Para descongelar, basta aquecê-lo em uma panela com um fio de azeite ou no micro-ondas em potência máxima.

10 minutos

2 porções

consumo imediato

Shake de açaí
com banana e colágeno

1 polpa de açaí congelado sem açúcar
1 xícara de água de coco
1 banana-nanica madura
1 colher (chá) de colágeno sem sabor
1 colher (sopa) de nibs de cacau

Em um liquidificador, bata o açaí com a água de coco, a banana e o colágeno. Se desejar, acrescente pedras de gelo. Transfira para copos e polvilhe com os nibs de cacau. Beba gelado.

Substituições
Se desejar, substitua os nibs de cacau por cacau em pó ou coco seco ralado.

Dicas
Tem bananas maduras sobrando em casa? Corte-as em rodelas e congele em porções pequenas para utilizar no shake.

O colágeno é uma proteína essencial para o fortalecimento da pele, tendões, ossos e cartilagens. É um suporte nutricional para atletas profissionais e amadores.

O açaí é um alimento ideal para consumo durante a preparação para treinos e competições. Recomendo consumi-lo no dia que antecede o treino ou a competição, garantindo assim a sua reserva de energia.

Shake de chocolate
com matcha

10 minutos

1 porção

consumo imediato

1 banana-nanica madura
2 colheres (sopa) de chocolate amargo em pó
1 colher (chá) de matcha
1 colher (sopa) de uva-passa branca
1 xícara de água de coco

Em um liquidificador, bata todos os ingredientes. Se desejar, acrescente pedras de gelo. Beba gelado.

Substituições
Você pode substituir a uva-passa por 1 tâmara ou 1 colher (sopa) de açúcar mascavo.

Dicas
O matcha é o chá verde em pó e tem efeito estimulante, auxiliando na melhora da resistência. Além disso, ele aumenta a taxa metabólica basal e estimula a queima de gordura.

Escolha o chocolate amargo com maior porcentagem de cacau, pois quer dizer que ele terá mais concentração de flavonoides. Uma das propriedades do cacau é o efeito termogênico, por isso é preciso escolher um produto de qualidade, de preferência orgânico. O chocolate também dá a sensação de bem-estar!

A função da uva-passa, além de adoçar levemente o shake, é fornecer carboidratos (energia) para a preparação de treinos e competições.

preparação para provas

Barrinha de guaraná em pó e gengibre   95

Creme de avelã   96

Bisnaguinha caseira   99

Snack de grão-de-bico e pimenta-de-caiena   100

Pão de mandioquinha   103

durante as provas de longa duração

Praticidade e agilidade é tudo de que precisamos durante as provas, seja de corrida, ciclismo, futebol ou qualquer outro esporte.

Neste capítulo você encontrará receitas que vão fornecer energia extra para obter o melhor desempenho em provas curtas, médias ou longas; escolha a receita que mais agrada ao seu paladar, de acordo com a sua estratégia nutricional.

Os ingredientes foram selecionados para você não precisar consumir industrializados com excesso de conservantes e aromatizantes. Aqui tudo é natural e rico em nutrientes.

Organize o que você vai precisar durante as provas: hidratação, alimentação, repositor hidroeletrolítico, protetor solar, roupa extra. Planeje com um nutricionista os horários exatos para consumir os alimentos e repor sua energia para aquele sprint final!

Barrinha de guaraná
em pó e gengibre

30 minutos

10 barrinhas

até 7 dias na geladeira

1 xícara de quinoa cozida
½ xícara de amaranto em flocos
1 colher (chá) de gengibre em pó
1 colher (chá) de guaraná em pó
½ xícara de tâmaras sem caroço picadas
1 xícara de manteiga de amendoim com canela (receita na p. 16)
1 colher (sopa) de cranberry desidratado
1 colher (sopa) de amêndoa picada
½ colher (chá) de sal
óleo de coco para untar

Preaqueça o forno a 180 °C. Coloque todos os ingredientes no processador e bata até obter uma pasta homogênea. Transfira para uma assadeira untada com óleo de coco e leve para assar por cerca de 20 minutos. Retire do forno e corte em formato de barrinha. Espere amornar e desenforme. Está pronta para consumo.

Substituições
Você pode substituir a quinoa cozida por ½ xícara de quinoa em flocos.

O amaranto pode ser substituído por ½ xícara de aveia em flocos.

As tâmaras podem ser substituídas por ½ xícara de damascos picados.

Dicas
Caso deseje congelar, corte as barrinhas e armazene em saquinhos individuais por até 1 mês. Para descongelar, transfira as barrinhas para a geladeira no dia anterior e aguarde ficarem com a textura mais macia.

Esta barrinha é rica em carboidratos para garantir a energia durante os treinos mais longos e competições. O sal presente irá auxiliar na reposição do sódio perdido no suor.

durante as provas de longa duração

095

Creme de avelã

20 minutos

1 xícara

até 7 dias na geladeira

2 xícaras de avelã sem casca
3 colheres (sopa) de água
4 colheres (sopa) de cacau em pó 100%
2 colheres (sopa) de açúcar demerara
2 colheres (sopa) de manteiga de coco

Preaqueça o forno a 180 °C. Espalhe a avelã em uma assadeira retangular e leve ao forno por cerca de 10 minutos, mexendo de vez em quando para tostar de todos os lados e não queimar. Retire do forno, deixe esfriar e transfira para um processador. Adicione a água, o cacau, o açúcar e a manteiga de coco. Bata bem até obter uma pasta homogênea. Armazene em um recipiente de vidro com tampa na geladeira.

Substituições
Você pode substituir o cacau em pó por 3 colheres (sopa) de alfarroba em pó.

Sem adição de açúcar: substitua o açúcar demerara por 1 colher (sopa) de xarope de agave ou 1 colher (chá) de estévia.

Dicas
É importante assar as avelãs no forno para que elas soltem mais facilmente o seu óleo quando bater no processador.

Consuma o creme de avelã com pães, bisnagas caseiras e cream-cracker (receita na p. 28) durante os treinos longos e competições. A avelã é rica em carboidratos, o que ajudará na reposição de energia.

Acrescente coco seco em lascas para dar um sabor especial ao seu creme!

Bisnaguinha caseira

15 minutos de descanso + 30 minutos

12 unidades

até 4 dias

1 sachê (10 g) de fermento biológico seco
1 xícara de água morna
1 colher (sopa) de açúcar demerara
1 xícara de farinha de trigo
½ xícara de farinha de trigo integral
1 colher (sopa) de orégano seco
1 colher (sopa) de linhaça dourada
1 colher (chá) de sal
2 colheres (sopa) de azeite

Em um recipiente, misture o fermento com a água morna e o açúcar. Cubra com um pano de prato e reserve em um local livre de correntes de ar por 15 minutos ou até o fermento dobrar de volume. Enquanto isso, misture, em um recipiente fundo, a farinha de trigo com a farinha de trigo integral, o orégano, a linhaça, o sal e o azeite. Por último, adicione o fermento. Misture tudo muito bem e sove a massa em uma superfície lisa e enfarinhada até que ela esteja bem homogênea e lisa (cerca de 10 minutos). Faça uma bola com a massa, coloque em um recipiente grande, cubra com pano de prato e deixe crescer em um local livre de correntes de ar e aquecido por cerca de 1 hora ou até dobrar de tamanho. Preaqueça o forno a 180 °C. Divida a massa em 12 bolinhas do mesmo tamanho. Molde em formato de bisnagas e disponha em uma assadeira levemente untada com azeite, deixando um espaço de 2 cm entre uma e outra. Leve ao forno por cerca de 25 minutos ou até dourar.

Substituições

Sem glúten: substitua a farinha de trigo por farinha de arroz. Se a massa ficar levemente seca, adicione mais 1 colher (sopa) de azeite para dar o ponto.

Dicas

Se desejar, molde as bisnagas cruas e congele em porções individuais. Para descongelar, leve ao forno preaquecido a 180 °C por cerca de 35 minutos.

Experimente polvilhar as bisnagas com coco ralado, gergelim, granola ou chia antes de assá-las. Além de dar sabor, esses ingredientes irão agregar vários nutrientes e fibras essenciais.

Para variar o sabor das bisnagas, divida a massa em duas. Em uma parte, acrescente 2 colheres (sopa) de cacau em pó e, na outra, 2 colheres (sopa) de guaraná em pó. Dessa forma, você terá uma excelente fonte de energia durante as provas e treinos.

durante as provas de longa duração

Snack de grão-de-bico e pimenta-de-caiena

35 minutos

3 porções

validade até 3 dias

1 xícara de grão-de-bico
2 colheres (sopa) de azeite
½ colher (chá) de pimenta-de-caiena
½ colher (chá) de curry em pó
½ colher (chá) de sal

Coloque o grão-de-bico demolhado em uma panela de pressão e cubra com água. Tampe a panela e cozinhe por cerca de 15 minutos após pegar pressão. Espere a pressão sair, abra a tampa da panela e descarte a água. Preaqueça o forno a 180 °C. Espalhe o grão-de-bico cozido em uma assadeira e jogue por cima o azeite, a pimenta, o curry e o sal. Misture bem. Leve ao forno por cerca de 15 minutos. Mexa de vez em quando para os grãos não queimarem. Retire a assadeira do forno e armazene o grão-de-bico em recipientes de vidro com tampa após estarem frios.

Dicas
Antes de cozinhar o grão-de-bico, deixe-o de molho na água de um dia para o outro para eliminar os fitatos (antinutrientes presentes nos grãos). Descarte a água e cozinhe conforme instruções da receita.

Caso não tenha tempo de cozinhar o grão-de-bico, utilize o grão-de-bico cozido vendido no supermercado.

Experimente outros temperos como cúrcuma, alho-poró, noz-moscada, gergelim ou coentro, todos em pó, ou tomate desidratado.

O grão-de-bico e a pimenta-de-caiena são excelentes fontes de proteína e energia! Mas cuidado, não exagere nos temperos para evitar que você tenha algum desconforto durante as provas.

Pão de mandioquinha

45 minutos

20 unidades

até 3 dias

2 xícaras de mandioquinha cozida e amassada
1 xícara de polvilho doce
¼ de xícara de azeite
1 colher (chá) de sal
2 colheres (sopa) de alecrim
2 colheres (sopa) de linhaça dourada

Preaqueça o forno a 180 °C. Em um recipiente, misture bem, com as mãos, a mandioquinha amassada com o polvilho doce e o azeite. Adicione o sal, o alecrim e a linhaça. Misture até obter uma massa lisa e homogênea. Divida a massa em 20 bolinhas e disponha em uma assadeira levemente untada com azeite. Leve para assar por cerca de 30 minutos ou até que estejam dourados. Sirva quente ou frio.

Substituições
Você pode substituir a mandioquinha por 2 xícaras de batata-doce ou batata yacon cozidas e amassadas.

Dicas
2 xícaras de mandioquinha são equivalentes a 4 unidades pequenas.

Você pode acrescentar ao pão ervas frescas como manjericão, salsinha e tomilho. As ervas frescas são excelentes fontes de antioxidantes, portanto, quanto mais variarmos as opções, mais fontes de nutrientes forneceremos ao nosso organismo.

Experimente variar os formatos do seu pão. Use a criatividade e molde bisnaguinhas, rosquinhas ou enroladinhos. Para deixá-los douradinhos antes de assar, pincele delicadamente água ou gema de ovo na superfície de cada pãozinho.

Para levar o pão para provas ou treinos, embrulhe uma porção de 3 a 4 unidades em papel-manteiga ou armazene em bolsas térmicas. Para provas de longa duração, você pode rechear com manteiga de amendoim ou de tâmara (receitas nas pp. 16-17), ricota de macadâmia (receita na p. 23) ou creme de avelã (receita na p. 96).

A mandioquinha é rica em carboidratos complexos, que têm a função de repor as energias durante competições e treinos. Ela também é fonte de cálcio, fósforo e potássio. Essa combinação de nutrientes fornece mais proteção para os ossos, equilíbrio da pressão arterial e auxilia na recuperação muscular após atividades físicas intensas.

durante as provas de longa duração

Sopa de grão-de-bico com carne   107

Pão proteico de quinoa e gergelim   108

Croquete proteico   112

Suco amarelo   114

Milk-shake power   117

recuperação

A recuperação após treinos e competições é muito mais essencial do que imaginamos. O importante nesta etapa é garantir a reposição do estoque de glicogênio que foi utilizado para dar energia durante a prática e também repor os eletrólitos e líquidos perdidos pela transpiração. É preciso consumir uma refeição completa, com todos os grupos alimentares, além de beber muita água, água de coco e sucos naturais ao longo do dia seguinte.

Para ajudar, nas próximas páginas você vai encontrar opções de receitas ricas em nutrientes, vitaminas e minerais que vão recuperar o seu organismo e prepará-lo para o próximo desafio.

Sopa de grão-de-bico com carne

45 minutos

4 porções

até 2 dias na geladeira

1 xícara de grão-de-bico
2 colheres (sopa) de azeite
1 xícara de cebola picada
1 dente de alho picado
1 xícara de músculo bovino cortado em cubos pequenos
2 folhas de louro
1 xícara de salsinha picada
1 colher (chá) de sal
½ colher (chá) de pimenta-do-reino moída

Em um recipiente, deixe o grão-de-bico de molho de um dia para o outro. Em uma panela de pressão, aqueça o azeite e refogue a cebola e o alho. Descarte a água do molho do grão-de-bico e coloque-o na panela juntamente com o músculo. Refogue até a carne dourar. Em seguida, acrescente as folhas de louro. Adicione água até cobrir tudo e feche a panela. Cozinhe cerca de 35 minutos após pegar pressão. Espere a pressão sair e abra a panela com cuidado. Retire o músculo da panela e reserve-o. Leve o grão-de-bico com a água e os temperos que ficaram na panela para o liquidificador e bata até virar uma pasta homogênea. Retorne a pasta para a panela, acrescente os cubos de músculo, adicione a salsinha, o sal e a pimenta. Ligue o fogo médio e cozinhe com a panela aberta até levantar fervura. Sirva a seguir.

Substituições
Vegana: substitua o músculo por proteína de soja texturizada cozida; por tempeh, que é um alimento fermentado a partir das sementes de soja e tem uma textura ligeiramente carnuda; ou por cubinhos de berinjela grelhados e temperados com molho de soja; ou por jaca verde desfiada.

Dicas
Se desejar, você pode separar alguns grãos-de-bico inteiros e misturar no final, assim, a sopa ficará com aspecto mais rústico.

Experimente uma nova versão desta receita trocando o grão-de-bico por lentilha ou ervilha fresca.

No inverno, as sopas com maior teor de carboidratos e proteínas são sempre bem-vindas para repor as energias dos treinos e aquecer o corpo.

recuperação

107

35 minutos

20 pãezinhos

até 2 dias

foto na p. 110

Pão proteico
de quinoa e gergelim

1 xícara de água morna
1 envelope (10 g) de fermento biológico seco
2 colheres (sopa) de açúcar mascavo
2 xícaras de farinha de trigo integral
1½ xícara de quinoa em flocos
2 colheres (sopa) de levedura nutricional
2 colheres (sopa) de gergelim preto
4 colheres (sopa) de óleo de gergelim
1 colher (chá) de sal

Em um recipiente, misture a água com o fermento e o açúcar. Cubra com um pano de prato e reserve em local livre de correntes de ar por 10 minutos ou até dobrar de volume. Em um recipiente grande, coloque a farinha de trigo integral, a quinoa em flocos, a levedura, o gergelim, o fermento, o óleo e o sal. Misture com as mãos até incorporar tudo e formar uma massa. Sove até que fique mais macia, por cerca de 10 minutos. Faça uma bola com a massa e coloque-a em um recipiente grande coberto com pano de prato e deixe em um local livre de correntes de ar e aquecido por cerca de 30 minutos ou até que dobre de volume. Preaqueça o forno a 180 °C. Dê mais uma rápida sovada na massa e divida-a em 20 bolinhas. Disponha-as em uma assadeira untada com azeite, deixando uma distância de 2 cm entre uma e outra, e leve ao forno por cerca de 20 minutos ou até que fiquem douradas. Sirva quente ou frio.

receitas para esportistas

Substituições

Você pode substituir a quinoa em flocos por 1½ xícara de proteína concentrada de ervilha ou 1½ xícara de amaranto em flocos. As três opções contêm em sua composição alto teor de proteínas, o que irá auxiliar na recuperação dos músculos. Excelente opção para os atletas veganos e vegetarianos.

Sem glúten: substitua a farinha de trigo integral por 1½ xícara de farinha de arroz integral ou 1½ xícara de farinha de amêndoa.

Dicas

Para saber se o pão está cozido por dentro, dê uma leve batida de dedo embaixo dele; se fizer barulho como se estivesse oco, está pronto.

O óleo de gergelim é composto por gorduras boas, que auxiliam no equilíbrio da pressão arterial e melhoram a saúde do coração. Muito indicado para atletas e indivíduos com diabetes, esse óleo é rico em ferro, magnésio e cálcio. Mas lembre-se sempre de consumir com moderação.

A levedura nutricional é uma fonte excelente de proteínas com vitaminas do complexo B. Além do pão, você pode utilizar o ingrediente em sucos, shakes, saladas, omeletes e panquecas.

Você pode adicionar mais fibras ao seu pão com 1 a 2 colheres (sopa) de psyllium.

Após assar os pãezinhos, você pode consumi-los por até 2 dias. Para deixá-los mais crocantes, retorne-os ao forno preaquecido (180 °C) por cerca de 10 minutos.

receita na p. 108

receita na p. 112

Croquete proteico

35 minutos

6 unidades

até 3 dias na geladeira

foto na p. 111

2 colheres (sopa) de azeite
1 cebola roxa picada
1 dente de alho picado
2 xícaras de lentilha cozida e amassada
½ xícara de salsinha picada
1 colher (chá) de sal
1 colher (chá) de molho chimichurri
1½ xícara de farinha de aveia
½ xícara de farinha de arroz
1 colher (sopa) de amido de milho
água para empanar
farinha de rosca para empanar
farinha de mandioca em flocos para empanar

Em uma panela, aqueça o azeite e refogue a cebola e o alho até dourarem. Junte a lentilha e refogue. Tempere com o sal e o chimichurri. Acrescente aos poucos a farinha de aveia, a farinha de arroz e o amido. Desligue o fogo e misture até formar uma massa mais firme. Leve à geladeira por cerca de 20 minutos para a massa firmar. Retire da geladeira e modele os croquetes. Pincele água sobre cada croquete, passe-os pela farinha de rosca, depois, pela farinha de mandioca. Disponha em uma assadeira levemente untada com azeite e leve ao forno para dourar. Sirva quente.

Substituições

Sem glúten: você pode substituir a farinha de rosca e a farinha de mandioca por farinha de linhaça marrom.

Dicas

Para cozinhar a lentilha, lave-a bem, coloque em uma panela e cubra com água. Leve ao fogo e deixe ferver por 5 minutos ou até que os grãos fiquem macios. Retire do fogo, escorra a água e amasse com um garfo para utilizar nesta receita.

Para congelar os croquetes, prepare a massa, modele-os e congele em recipientes apropriados por até 2 meses. Para descongelar, disponha na assadeira levemente untada com azeite e leve ao forno por cerca de 20 minutos ou até ficarem dourados.

Sirva os croquetes com mostarda de Dijon e gotinhas de limão.

Para preparar uma versão diferente e acrescentar mais proteína aos seus croquetes, adicione ½ xícara de grão-de-bico cozido e amassado! É excelente para auxiliar na recuperação do músculo após treinos e competições intensas.

O chimichurri é uma mistura de ervas encontradas em feiras, zonas cerealistas ou mercados tradicionais. Você pode preparar o seu em casa misturando ½ xícara de ervas frescas (salsinha, coentro, cebolinha, orégano) + ½ xícara de azeite + 1 colher (chá) de vinagre de maçã + ½ colher (chá) de pimenta calabresa + ½ colher (chá) de pimenta-do-reino moída. Armazene em temperatura ambiente dentro de potinhos de vidro por até 1 mês.

10 minutos

2 porções

consumo imediato

Suco amarelo

1 caju maduro
1 maracujá maduro
1 manga pequena madura
1 batata yacon sem casca cortada em cubos
2 xícaras de água de coco

Lave bem o caju, retire a castanha e corte a fruta em cubos. Transfira para o liquidificador. Lave bem o maracujá, retire a polpa e transfira para o liquidificador. Lave bem a manga, retire a casca, corte em cubos e transfira para o liquidificador. Adicione a batata yacon e a água de coco. Bata bem até misturar tudo. Se desejar, bata com pedras de gelo. Beba gelado.

Dicas
Para dias corridos, tenha no seu congelador polpa de frutas (caju, maracujá, manga) sem adição de açúcar.

Não é necessário adoçar o suco, pois a manga, que geralmente é mais doce, faz esse papel, mas, se desejar, adicione um pouco de açúcar mascavo, demerara ou estévia.

A batata yacon irá auxiliar na recuperação do carboidrato utilizado pelo organismo durante os treinos e competições. Além de ser forte aliada do sistema imunológico, por seu baixo índice glicêmico, é um alimento seguro para diabéticos.

Experimente também com outras frutas amarelas como banana, laranja, mexerica e carambola.

receitas para esportistas

Milk-shake power

10 minutos

2 porções

consumo imediato

1 xícara de frutas vermelhas
1 banana-nanica madura
2 colheres (sopa) de proteína concentrada de ervilha
2 xícaras de leite de coco
1 colher (sopa) de chia

Coloque todos os ingredientes, exceto a chia, no liquidificador e bata bem. Transfira para um copo, adicione a chia, misture bem e beba gelado. Se desejar, acrescente algumas pedras de gelo.

Substituições
O leite de coco pode ser substituído na mesma quantidade por outro tipo de leite vegetal (amêndoa, arroz, castanha) ou por leite desnatado.

Dicas
É possível comprar a proteína concentrada de ervilha e outros tipos de farinhas, oleaginosas e ingredientes em mercados naturais ou zona cerealista da sua cidade. Caso não tenha tempo, faça suas compras on-line em sites de mercados naturais.

Frutas vermelhas são aquelas de cor vermelha e arroxeada, como o morango, o mirtilo, a acerola, a framboesa, a amora e a cereja.

A união das frutas e da proteína de ervilha, garantirá uma recuperação adequada após os treinos e competições. As frutas representam os carboidratos e a ervilha é fonte de proteína vegetal.

recuperação

Iogurte de kefir   120

Charutinhos de acelga   124

Crepioca de frango e tomate   127

Arroz de grãos, bife à rolê e farofa funcional   128

Nhoque de espinafre   132

Suflê de abóbora e couve-flor com ricota de macadâmia   134

Pimentões recheados   137

Homus em três versões   138

Tabule de quinoa e hortelã   141

Suco energia   142

Suco imunidade   145

Brownie de batata-doce e amendoim   146

Bombom de coco funcional   149

dia a dia

Para você que ama esportes por hobby ou profissão, é preciso introduzir no dia a dia alimentos indispensáveis para manter a disposição do corpo e o equilíbrio de energia.

Cada indivíduo necessita de uma ingestão de nutrientes de acordo com seu perfil biológico e a modalidade esportiva de sua escolha. Dito isso, todos nós precisamos ter como base os macronutrientes (carboidratos, proteínas e gorduras) e alimentos fontes de vitaminas e minerais. Dessa forma, conseguimos proporcionar o melhor para o nosso corpo com refeições coloridas e variadas.

Neste capítulo, você vai encontrar receitas com ingredientes acessíveis, práticas e que se adaptam a todos os paladares.

Iogurte de kefir

15 minutos

2 porções

até 1 dia na geladeira

foto na p. **122**

1 xícara de leite coado do kefir
½ xícara de inhame cozido e amassado
1 limão espremido
1 colher (chá) de ágar-ágar
1 xícara de frutas vermelhas

Em um liquidificador, bata o leite com o inhame e o limão. Acrescente o ágar-ágar e bata novamente. Coloque em uma panela e leve ao fogo médio mexendo sem parar até engrossar. Retire do fogo, coloque em um recipiente de vidro e leve à geladeira por cerca de 1 hora. Sirva com as frutas vermelhas.

Substituições
O leite do kefir usado na receita pode ser substituído por uma opção de leite vegetal como de coco, arroz, amêndoa ou castanha.

Dica
Frutas vermelhas são aquelas de cor vermelha e arroxeada, como o morango, o mirtilo, a acerola, a framboesa, a amora e a cereja.

receitas para esportistas

O que é kefir?

É um probiótico, ou seja, é composto por um grupo de bactérias benéficas que irão alimentar as bactérias boas do nosso intestino, equilibrando a flora intestinal. O consumo do kefir promove muitos benefícios para a saúde! Os principais são a melhor absorção de nutrientes, a melhora na digestão e a redução do colesterol ruim (LDL), além de fortalecer o sistema imunológico.

Existem dois tipos de kefir: o de água e o de leite. O kefir de água é alimentado com água e açúcar mascavo. O kefir de leite é alimentado com leite (a lactose presente no leite faz o papel do açúcar).

Como o kefir cresce muito rápido, normalmente as pessoas doam uma parte para conhecidos e amigos. Não é possível comprar ou vendê-lo.

Você deverá cultivar o kefir em um pote de vidro. Uma vez por dia, peneire o kefir com uma peneira de plástico (não use nada metálico para manipular o kefir), mas não descarte a parte líquida, pois ela é o produto que será consumido e que pode ser colocado em sucos, vitaminas ou para preparar receitas. Atenção: o kefir de água é diferente do kefir de leite; o de água só sobrevive na água e o de leite, só no leite, então, escolha qual você quer cultivar. Na peneira, ficarão algumas bolinhas, elas são o kefir! Devolva essas bolinhas para o pote de vidro e cubra com o líquido adequado. Se seu kefir for de água, adicione 1 colher (chá) de açúcar mascavo; se for de leite, cubra somente com o leite. Tampe e mexa bem para misturar tudo por completo. Leve o pote à geladeira e alimente seu kefir desse modo todos os dias!

Diabéticos podem consumir kefir de água? Sim, pois o açúcar utilizado no cultivo é consumido pelo kefir para que ele cresça.

receita na p. **120**

receita na p. 124

Charutinhos de acelga

30 minutos

3 porções

até 2 dias na geladeira

foto na p. **123**

2 colheres (sopa) de azeite
½ cebola picada
1 dente de alho picado
1 xícara de carne moída magra
½ xícara de folhas de ora-pro-
 -nóbis picadas
1 colher (chá) de sal
½ colher (chá) de
 pimenta-de-caiena
hortelã picada a gosto
1 litro de água morna
3 folhas de acelga
3 colheres (sopa) de queijo
 parmesão ralado

Preaqueça o forno a 180 °C. Em uma frigideira, aqueça o azeite e refogue a cebola e o alho. Em seguida, refogue a carne moída até dourar. Adicione o ora-pro-nóbis, o sal, a pimenta e a hortelã. Reserve. Coloque a água morna em um recipiente e mergulhe as folhas de acelga (uma de cada vez) para que elas amoleçam e fique mais fácil de fazer os charutinhos. Retire da água e disponha em uma superfície lisa e higienizada. Coloque o recheio no centro da folha de acelga e enrole como um rocambole, dobre as pontas para dentro a fim de que o recheio não saia. Disponha os charutinhos em uma assadeira, polvilhe o queijo parmesão e leve ao forno para gratinar. Sirva quente.

Substituições

Caso você não encontre o ora-pro-nóbis, pode substituir por ervas frescas como cheiro-verde, manjericão, alecrim, sálvia ou tomilho.

Você pode substituir a acelga por folhas de uva, de couve ou de repolho. Todas são ricas em fibras, vitaminas e betacaroteno.

Vegana: você pode substituir a carne pela mesma quantidade de cogumelos refogados com ½ colher (sopa) de óleo de gergelim torrado ou mix de grãos (arroz, cevadinha, grão-de-bico, quinoa) refogado com azeite.

Dicas

Quando preparar receitas com carne, opte pelas carnes sem gordura como o patinho. Nos mercados, já existem marcas de carnes certificadas como orgânicas, que têm um modo de produção diferenciado, garantindo assim sua qualidade. Esse tipo de carne é isento de produtos químicos e sua produção respeita o meio ambiente.

O ora-pro-nóbis é uma Pancs (planta alimentícia não convencional) riquíssima em proteína, vitamina A, fibras, cálcio, ferro e fósforo. É possível encontrá-lo em feiras ou hortifrútis. Suas folhas também podem ser usadas em sucos, chás e saladas. Existem outras Pancs disponíveis no mercado como taioba, peixinho, capuchinha e azedinha.

A pimenta-de-caiena tem diversas propriedades benéficas para o organismo como ações analgésica, energética e vasodilatadora. Além disso, tem antioxidantes, como os flavonoides, que auxiliam na prevenção do envelhecimento precoce das células. Por curiosidade, as pimentas vermelhas têm mais potencial antioxidante quando comparadas com as pimentas verdes. É possível adicionar uma pitada às refeições do dia a dia, em sucos com ações termogênicas (antes de atividades físicas) e chás.

Você pode preparar os charutinhos e congelar em porções individuais por até 3 meses. Para descongelar, basta retirar do congelador, colocar em uma assadeira, regar com um fio de azeite, polvilhar com o queijo parmesão ralado e levar ao forno por cerca de 15 a 20 minutos.

Atenção, na hora de comprar a acelga, observe se ela está nova, com o talo verde esbranquiçado e as folhas verde-claras. Sua textura deve ser mais firme e não amolecida (isso é sinal de que a acelga já está passada).

Crepioca de frango e tomate

15 minutos

1 porção

consumo imediato

Recheio
- 2 colheres (sopa) de azeite
- 1 colher (sopa) de cebola picada
- 1 dente de alho picado
- ½ xícara de frango cozido e desfiado
- 1 colher (chá) de curry em pó
- 1 colher (chá) de sal
- ½ colher (chá) de pimenta-do-reino moída
- 2 colheres (sopa) de queijo cottage
- 1 xícara de tomates-cereja cortados ao meio
- 2 colheres (sopa) de folhas de manjericão fresco

Crepioca
- 1 ovo
- 2 colheres (sopa) de farinha para tapioca
- 2 colheres (sopa) de orégano seco

Recheio
Em uma frigideira, aqueça o azeite e refogue a cebola e o alho. Adicione o frango, o curry, o sal e a pimenta e refogue bem. Por último, acrescente o queijo cottage. Desligue o fogo e reserve.

Crepioca
Em um recipiente, misture o ovo com a farinha para tapioca e o orégano. Aqueça uma frigideira pequena levemente untada com azeite e espalhe essa mistura. Doure de um lado e, depois, do outro. Retire a crepioca da frigideira, acrescente o recheio, os tomates e o manjericão. Feche a crepioca e sirva.

Dicas
A crepioca é uma excelente substituta do pão no café da manhã. No dia a dia, precisamos manter o equilíbrio do que consumimos e a crepioca é uma opção leve, mas cheia de nutrientes que satisfazem o organismo.

Você pode preparar a versão de crepioca doce colocando um recheio de banana amassada polvilhada com canela em pó e manteiga de amendoim ou de tâmaras (receitas nas pp. 16-17).

Substituições
Vegana: retire o ovo da receita da massa de crepioca e prepare a tapioca tradicional com orégano. O frango pode ser substituído pela mesma quantidade de cogumelos refogados, tofu ou abacate amassado.

Sem lactose: substitua o queijo cottage pela mesma quantidade de queijo cottage zero lactose, por requeijão de castanha ou por tofu amassado.

1 hora

3 porções

até 1 dia na geladeira

foto na p. 130

Arroz de grãos, bife à rolê e farofa funcional

Arroz de grãos
2 colheres (sopa) de azeite
1 dente de alho picado
2 colheres (sopa) de cebola picada
½ xícara de arroz integral
1 xícara de água morna
1 colher (chá) de sal
½ xícara de quinoa em grãos cozida
½ xícara de salsinha picada

Bife à rolê
500 g de coxão mole cortado em bifes
1 colher (chá) de sal
½ colher (chá) de canela em pó
½ colher (chá) de pimenta síria em pó
½ xícara de cenoura cortada em palitos
½ xícara de alho-poró picado
2 colheres (sopa) de azeite
1 cebola picada
1 dente de alho picado
2 litros de caldo de legumes caseiro (ver dica)

Arroz de grãos
Em uma panela pequena, aqueça o azeite e refogue o alho e a cebola. Adicione o arroz e refogue rapidamente. Acrescente a água morna e o sal. Cozinhe em fogo brando com a panela semiaberta por cerca de 40 minutos. Quando a água secar e os grãos estiverem cozidos, adicione a quinoa cozida e a salsinha. Misture bem e sirva.

Bife à rolê
Tempere os bifes com o sal, a canela e a pimenta. Em seguida, coloque no centro de cada bife um pouco da cenoura e do alho-poró. Enrole-os como um rocambole e prenda a ponta com um palito de dentes para que o recheio não saia. Na panela de pressão, aqueça o azeite e refogue a cebola e o alho. Adicione os bifes à rolê e grelhe de todos os lados até que fiquem dourados. Acrescente o caldo de legumes até cobrir e feche a panela. Cozinhe por cerca de 30 minutos após pegar pressão. Desligue o fogo, espere a pressão sair e abra a panela com cuidado. Sirva quente.

receitas para esportistas

Farofa funcional

1 banana-da-terra madura
2 colheres (sopa) de ghee
½ xícara de cebola cortada em rodelas finas
1 xícara de farinha de mandioca
1 colher (chá) de sal
1 colher (chá) de pimenta calabresa

Substituições

Você pode substituir a ghee pela mesma quantidade de azeite ou óleo de coco. Também é possível encontrar a opção vegana da ghee.

Vegana: substitua a carne por mix de cogumelos salteados no molho de soja com amendoim e alho-poró ou tirinhas de tofu grelhadas no molho de soja com edamame (soja verde).

Farofa funcional

Corte as bananas em rodelas. Em uma frigideira, aqueça a ghee e doure a cebola. Adicione a farinha de mandioca e, depois, a banana. Tempere com o sal e a pimenta. Deixe a farofa por cerca de 5 minutos na frigideira para dourar levemente. Sirva quente.

Dicas

Preparar o caldo de legumes é muito fácil! Coloque, em uma panela funda, 2 cebolas cortadas ao meio, 3 dentes de alho, 3 folhas de louro, 1 ramo pequeno de salsinha, 1 cenoura cortada em rodelas grossas, 1 salsão cortado grosseiramente e com as folhas, 1 colher (sopa) de sal, 1 colher (sopa) de pimenta-do-reino em grãos. Cubra com água e, quando ferver, deixe cozinhando em fogo baixo até que o caldo esteja bem saboroso. Em seguida, coe o caldo. Você pode reutilizar os ingredientes para preparar um purê. É possível congelar o caldo caseiro em porções individuais, e você estará livre de conservantes, sódio e aditivos químicos que prejudicam o organismo.

No seu dia a dia, procure fazer refeições balanceadas, coloridas, sem gorduras trans e ricas em fibras, vitaminas e minerais. Variar os ingredientes utilizados nas receitas é muito importante para fornecer diferentes tipos de nutrientes ao organismo. Lembre-se de conciliar a alimentação equilibrada com o consumo adequado de água de que o seu corpo necessita, de acordo com a atividade física que você pratica.

receita na p. **128**

receita na p. **132**

Nhoque de espinafre

45 minutos

4 porções

até 1 dia na geladeira

foto na p. **131**

Nhoque
2 batatas-doces cozidas e amassadas
2 xícaras de espinafre cozido e picado
1 xícara de farelo de aveia
½ xícara de farinha de arroz
¼ de xícara de azeite
1 colher (chá) de sal
½ colher (chá) de pimenta-do-reino moída

Molho de tomate caseiro
6 tomates italianos maduros
água filtrada para cobrir
manjericão fresco a gosto
orégano a gosto
2 colheres (chá) de sal
1 colher (chá) de cúrcuma em pó
½ colher (chá) de cravo-da-índia

Nhoque
Em um recipiente, misture bem a batata-doce com o espinafre, o farelo de aveia e a farinha de arroz. Acrescente o azeite, o sal e a pimenta. Amasse até obter uma massa homogênea. Polvilhe uma superfície lisa e higienizada com farinha de arroz. Faça cordões com a massa do nhoque. Corte em pedaços com 2 cm e reserve. Se preferir, você pode moldar a massa em bolinhas. Encha uma panela grande com água e leve ao fogo. Quando ferver, adicione alguns nhoques, eles irão afundar na água, quando subirem para a superfície, estão cozidos. Então, retire-os da água com a ajuda de uma escumadeira e reserve no prato de servir. Faça isso com todos os nhoques, mas não se esqueça de colocar pequenas porções para cozinhar, senão, eles ficarão todos grudados.

Molho de tomate caseiro
Corte os tomates ao meio e descarte as sementes. Coloque-os em uma panela e cubra com água. Adicione o manjericão, o orégano, o sal, a cúrcuma e os cravos. Leve ao fogo médio por cerca de 20 minutos para apurar. Caso seja necessário, adicione um pouco mais de água para deixar o molho mais líquido. Desligue o fogo, retire os cravos e sirva por cima dos nhoques.

receitas para esportistas

Substituições

Você pode substituir o espinafre pela mesma quantidade de folhas de beterraba, folhas de cenoura, cenoura ralada ou couve picada.

Dicas

Se preferir, tire a pele dos tomates antes de preparar o molho. É muito fácil: com uma faca afiada, faça um corte em cruz, somente na pele, na parte de baixo do tomate. Leve uma panela com água ao fogo na qual os tomates possam ser mergulhados. Quando levantar fervura, coloque os tomates e deixe por 1 minuto ou até que a pele comece a se soltar. Retire os tomates e imediatamente mergulhe-os em uma tigela com água fria (para parar o cozimento e terminar de soltar a pele). Depois, é só retirar a pele com cuidado.

Cozinhe as folhas de espinafre no vapor para conservar e aproveitar melhor os nutrientes.

Experimente cozinhar o nhoque em água fervente, escorrer e grelhar na frigideira com 2 colheres (sopa) de azeite. Os cubinhos ficarão douradinhos e muito mais saborosos.

Para retirar a acidez do molho de tomate, acrescente 1 colher (sopa) de açúcar mascavo. Você também pode deixar o seu molho liso, batendo os tomates no liquidificador antes de apurar na panela.

Tanto o molho de tomate como a massa de nhoque podem ser congelados em porções individuais por até 3 meses. Para congelar o nhoque, dê uma pré-cozida rápida nele, divida em porções individuais, espere esfriar e congele. Na hora de preparar, o nhoque vai direto do congelador para a panela com água fervente. Para descongelar o molho de tomate, retire um dia antes do congelador e esquente na panela, com um fio de água, em fogo médio.

Experimente polvilhar o nhoque com lascas de amêndoas! É uma maneira saudável e alternativa de servir o prato.

40 minutos

4 porções

até 2 dias na geladeira

Suflê de abóbora e couve-flor com ricota de macadâmia

2 colheres (sopa) de azeite
½ xícara de cebola picada
½ xícara de alho-poró picado
2 colheres (sopa) de sálvia fresca
½ colher (chá) de canela em pó
½ colher (chá) de noz-moscada em pó
2 xícaras de abóbora cozida em cubos pequenos
1 xícara de couve-flor cozida e picada
1 colher (chá) de sal
azeitona preta a gosto
2 xícaras de ricota de macadâmia (receita na p. 23)
2 colheres (sopa) de queijo parmesão ralado
salsinha fresca a gosto

Em uma panela, aqueça o azeite e refogue, em fogo médio, a cebola, o alho-poró, a sálvia, a canela e a noz-moscada. Em seguida, acrescente a abóbora com a couve-flor. Refogue por cerca de 5 minutos. Adicione o sal e as azeitonas. Desligue o fogo. Em 4 potinhos pequenos, coloque uma camada da ricota e, por cima, a mistura de abóbora e couve-flor. Acrescente o queijo parmesão e leve ao forno a 200 °C para gratinar. Retire do forno, polvilhe com a salsinha e sirva.

Dicas
A abóbora é boa fonte de betacaroteno, vitamina C e vitamina E, que têm propriedades antioxidantes, e de vitaminas do complexo B.

Já a couve-flor é também uma boa fonte de potássio, proteína, tiamina, riboflavina, niacina, magnésio, fósforo, fibras, vitamina B6, ácido fólico, ácido pantotênico e manganês.

Substituições
Você pode substituir a abóbora por batata-doce laranja ou roxa. A batata-doce é encontrada, normalmente, entre os meses de junho e julho.

Caso você não tenha tempo para preparar a ricota de macadâmia, substitua por ricota tradicional.

Sem lactose: adicione homus ou grão-de-bico cozido, pois esses ingredientes são ricos em proteínas e irão auxiliar no balanço nutricional da receita.

Pimentões recheados

30 minutos

2 porções

até 2 dias na geladeira

2 pimentões vermelhos
2 colheres (sopa) de azeite
1 cebola pequena picada
2 dentes de alho picados
1 colher (sopa) de molho de soja
2 xícaras de mix de cogumelos picados
1 xícara de cheiro-verde picado
½ xícara de tomate picado
½ xícara de amendoim torrado e sem pele
1 colher (chá) de páprica picante
1 colher (chá) de sal

Preaqueça o forno a 200 °C. Corte os pimentões ao meio e retire as sementes. Reserve. Em uma frigideira, aqueça o azeite e refogue a cebola e o alho. Adicione o molho de soja e os cogumelos e refogue por 5 minutos ou até secar a água. Em seguida, acrescente o cheiro-verde, o tomate, o amendoim, a páprica e o sal. Misture bem e refogue por mais alguns instantes. Desligue o fogo e recheie os pimentões. Sirva quente.

Dicas

Para o mix de cogumelos, utilize aqueles de sua preferência. Você pode misturar cogumelos paris, shimeji, shiitake, eringui e portobello. Para agregar mais proteínas à sua refeição, acrescente grão-de-bico cozido ou tofu amassado no garfo.

Se desejar, salpique os pimentões recheados com queijo meia cura ralado ou castanha-do-pará ralada e leve ao forno para gratinar.

Você pode usar esta receita para rechear berinjela, tomate, abobrinha ou cebola.

Utilize os legumes frescos para aproveitar o melhor de seus nutrientes. O recheio pode ser congelado em porções individuais. Para descongelar, basta aquecê-lo em uma panela com um fio de azeite no fogo médio.

Alguns molhos de soja contêm glúten; se você não pode ou não quer consumir essa proteína, atente para o rótulo do produto.

Homus em três versões

20 minutos

6 porções

até 5 dias na geladeira

Homus de grão-de-bico
2 xícaras de grão-de-bico cozido
4 colheres (sopa) de tahine
½ limão espremido
½ cebola picada
1 dente de alho picado
1 colher (chá) de sal
½ colher (chá) de pimenta síria

Homus de beterraba
2 xícaras de grão-de-bico cozido
4 colheres (sopa) de tahine
2 beterrabas cozidas e cortadas em cubos
½ limão espremido
½ cebola picada
1 dente de alho picado
1 colher (chá) de sal
½ colher (chá) de pimenta síria

Homus de espinafre
2 xícaras de grão-de-bico cozido
4 colheres (sopa) de tahine
2 xícaras de espinafre (folhas e talos)
½ limão espremido
½ cebola picada
1 dente de alho picado
1 colher (chá) de sal
½ colher (chá) de pimenta síria

Homus de grão-de-bico
Em um processador, bata todos os ingredientes até obter uma pasta homogênea e lisa. Armazene em recipiente de vidro com tampa na geladeira.

Homus de beterraba
Em um processador, bata todos os ingredientes até obter uma pasta homogênea e lisa. Armazene em recipiente de vidro com tampa na geladeira.

Homus de espinafre
Em um processador, bata todos os ingredientes até obter uma pasta homogênea e lisa. Armazene em recipiente de vidro com tampa na geladeira.

Dicas

Você conhece o tahine? É uma pasta de gergelim rica em proteínas e permite que a textura do homus fique mais macia e saborosa. Você pode encontrá-lo em mercados tradicionais ou de especiarias árabes.

Você pode comprar o grão-de-bico já cozido. Se for cozinhá-lo em casa, deixe de molho em água de um dia para o outro e cozinhe na panela de pressão por cerca de 25 minutos ou até os grãos ficarem macios.

Congele cada tipo de homus em porções individuais por até 1 mês. Para descongelar, basta retirar do congelador e deixar de um dia para o outro na geladeira. Se desejar, passe novamente no processador para voltar à textura lisa.

Experimente novos sabores de homus usando cenoura cozida, edamame ou ervas frescas.

Tabule de quinoa e hortelã

15 minutos
+ 1 hora de descanso

5 porções

até 4 dias na geladeira

1 xícara de quinoa em grãos
½ xícara de pepino japonês cortado em cubos pequenos
1 xícara de tomates-cereja cortados ao meio
½ xícara de cebola picada
½ xícara de nozes picadas grosseiramente
½ xícara de folhas de hortelã fresca picadas
½ limão espremido
2 colheres (sopa) de azeite
1 colher (chá) de sal
½ colher (chá) de pimenta-do-reino moída
1 xícara de broto de alfafa

Coloque a quinoa em uma panela e cubra com água. Cozinhe em fogo médio até que a água comece a ferver e os grãos dobrem de tamanho. Desligue o fogo e peneire para descartar a água. Transfira para um recipiente e misture com o restante dos ingredientes, exceto o broto de alfafa. Leve à geladeira por cerca de 1 hora. Retire da geladeira, decore com o broto de alfafa e sirva.

Dicas

Faça variações dos grãos da quinoa montando mix de quinoa branca, preta e vermelha. São grãos superproteicos, rápidos de cozinhar e deixam a preparação mais colorida quando se misturam.

Você pode substituir o arroz branco tradicional do dia a dia por uma porção do tabule de quinoa. Essa substituição deixará seu prato com uma oferta maior de nutrientes e com menos quantidade de carboidratos brancos.

Varie a sua receita acrescentando cenoura e pimentão vermelho cortados em cubos pequenos, soja verde ou folhas verde-escuras rasgadas grosseiramente.

É possível dobrar a quantidade da receita e congelar em porções individuais para garantir o consumo durante toda a semana.

Se você adicionar iogurte natural ou tofu batido, terá uma versão de pasta de quinoa para passar em torradas, pães e cream-crackers (receita na p. 28).

Suco energia

15 minutos

2 porções

consumo imediato

4 folhas de couve-manteiga
1 maçã com casca
1 pedaço pequeno de gengibre (2 cm)
1 colher (chá) de moringa oleífera
1 xícara de água de coco

Coloque todos os ingredientes no liquidificador e bata bem. Transfira para um copo e beba gelado. Se desejar, acrescente algumas pedras de gelo.

Dicas

Evite coar o suco para não perder fibras e nutrientes presentes.

Após o preparo do suco, tome imediatamente para evitar que os nutrientes dos ingredientes se percam.

Dê preferência a ingredientes orgânicos, que contêm mais nutrientes, fibras e antioxidantes em sua composição.

Sempre faça variações do suco para oferecer cada vez mais nutrientes diferentes ao organismo. Troque a couve por outras folhas verde-escuras, a maçã por frutas como abacaxi, melão e kiwi. A moringa oleífera pode ser substituída por colágeno, psyllium, espirulina ou matcha (chá verde em pó).

Bata os ingredientes sem a água de coco e congele em forminhas de gelo por até 1 mês. Para utilizar, tire dois cubinhos da fôrma e bata com água de coco, água filtrada ou suco de laranja.

Suco imunidade

15 minutos

2 porções

validade consumo imediato

2 rodelas de abacaxi
1 raminho de hortelã
1 colher (sopa) de chá branco em pó
1 xícara de suco integral de uva orgânico
½ xícara de água de coco

Coloque todos os ingredientes no liquidificador e bata bem. Transfira para um copo e beba gelado. Se desejar, acrescente algumas pedras de gelo.

Dicas
Sempre faça variações do suco para oferecer cada vez mais nutrientes diferentes ao organismo. Troque o abacaxi por melão, o chá branco por chá verde e a água de coco por suco de laranja. A hortelã você pode ser substituída por salsão ou espinafre.

Brownie de batata-doce e amendoim

45 minutos

5 pedaços

até 3 dias

1 ovo
2 batatas-doces cozidas
½ xícara de farinha de coco
½ xícara de leite de amêndoa
½ xícara de cacau em pó 100%
3 colheres (sopa) de melado de cana
½ colher (chá) de bicarbonato de sódio
½ xícara de nozes picadas grosseiramente
1 xícara de manteiga de amendoim (receita na p. 16)

Preaqueça o forno a 180 °C. Em um processador, bata o ovo com a batata-doce, a farinha de coco, o leite de amêndoa, o cacau, o melado e o bicarbonato. Deixe incorporar tudo e acrescente as nozes. Bata rapidamente para não quebrá-las por completo. Despeje a massa em uma fôrma retangular, de 20 x 9 x 5 cm, untada com óleo e forrada com papel-manteiga. Espalhe a manteiga de amendoim por cima. Leve para assar por cerca de 30 minutos. Retire do forno, espere amornar e desenforme. Sirva frio.

Substituições
Caso você não tenha leite de amêndoa, utilize o leite de sua preferência.

Você pode variar a receita substituindo a farinha de coco por farinha de amêndoa, farinha de trigo ou farinha de aveia.

Vegana: substitua o ovo por 1 colher (sopa) de linhaça hidratada com 3 colheres (sopa) de água.

Sem adição de açúcar: substitua o melado de cana por xarope de agave.

Dicas
É possível congelar porções individuais do brownie. Para descongelar, basta levá-las novamente ao forno preaquecido (180 °C) por cerca de 15 minutos.

Sirva o brownie acompanhado do sorvete de frutas caseiro (receita na p. 72).

Bombom
de coco funcional

25 minutos

6 bombons

até 3 dias na geladeira

1 xícara de coco seco ralado e queimado
¼ de xícara de macadâmia crua
1 colher (sopa) de melado de cana
1 colher (sopa) de manteiga de coco
2 xícaras de chocolate amargo derretido para banhar o bombom

Em um processador, bata o coco seco com a macadâmia, o melado e a manteiga de coco até obter uma pasta homogênea. Retire do processador, espalhe em um prato e leve à geladeira por cerca de 20 minutos. Retire da geladeira, faça bolinhas e passe pelo chocolate derretido. Disponha os bombons em uma superfície forrada com papel-manteiga. Deixe o chocolate secar por completo e sirva.

Substituições
Você pode substituir a macadâmia por castanha-de-caju, amendoim ou castanha-do-pará.

Você pode variar a receita substituindo o coco seco queimado pelo coco seco natural.

Sem adição de açúcar: substitua o melado de cana pela mesma quantidade de xarope de agave ou 1 colher (chá) de estévia.

Dicas
Acrescentar goji berry ao bombom, além de ficar uma delícia, é uma excelente fonte de antioxidantes!

É possível congelar os bombons depois de prontos. Basta organizá-los em um recipiente com tampa após o chocolate secar. Leve ao congelador por até 3 meses. Para descongelar, basta retirar do congelador e deixar em temperatura ambiente.

Atenção! Consuma os bombons com moderação, pois o coco, a macadâmia e o melado têm muitas calorias, apesar de serem ingredientes saudáveis.

glossário

Aprenda o que são e as funções nutricionais dos ingredientes e superalimentos utilizados na produção das receitas deste livro.

Alho
É essencial para o fortalecimento do sistema imunológico. Tem ação vasodilatadora, o que melhora a circulação do sangue. Também é boa fonte de vitamina B6, tem ação antifúngica e faz muito bem para o coração por causa da presença de compostos anticoagulantes.

Amaranto
É uma planta de origem peruana. Consumimos sua semente, que é rica em proteínas e aminoácidos essenciais, como a lisina. Contém também quantidades importantes de fibras solúveis e vitaminas do complexo B. Esta semente auxilia na regeneração muscular no pós-treino, eliminando assim as dores nos músculos que surgem algumas horas após o fim da atividade física.

Aveia
Cereal rico em diversos nutrientes como fibras e betaglucana. Seu consumo diário pode trazer diversos benefícios à saúde. A aveia pode ser encontrada em flocos grossos ou flocos finos, farelo de aveia e farinha de aveia. A diferença entre esses tipos permite a utilização do ingrediente em diversas receitas sem interferir na qualidade nutricional da receita.

Avocado
É o irmão mexicano do nosso abacate e tem alta densidade nutricional por ser rico em gorduras monoinsaturadas, que promovem a saciedade. Por sua baixa carga glicêmica, sua digestão é lenta, além da propriedade de reduzir a inflamação nas células adiposas, que é o que favorece o acúmulo de tecido adiposo. O nutriente potente presente no avocado que ajuda a diminuir essa inflamação é o beta-sitosterol.

Batata-doce
Ótima fonte de fibras, antioxidantes, potássio, ferro e cálcio. Muito indicada para corredores, pois, além de ser fonte de energia para o trabalho muscular, ajuda a evitar lesões relacionadas à corrida e atua na defesa do organismo. Suas fibras prolongam a sensação de saciedade. Além disso, uma unidade de batata-doce atinge 50% da recomendação diária de ingestão de betacaroteno.

Batata yacon
É um tipo de batata que vem lá da Cordilheira dos Andes e tem baixo teor calórico, além de promover o aumento da sensação de saciedade, potencializar a imunidade, reduzir os níveis de glicose no sangue e aumentar a absorção de nutrientes como vitaminas e minerais. Por conter uma boa quantidade de potássio, a batata yacon é muito indicada para atletas, pois contribui com a reconstrução muscular, evitando a fadiga muscular após os treinos intensos. O potássio também tem a função de regular o equilíbrio hidroeletrolítico corporal e melhorar o fluxo sanguíneo. Além disso, esse tipo de batata contém carboidratos que fornecerão uma boa quantidade de energia durante os exercícios.

Brócolis
Têm elevada concentração de vitaminas, minerais e fibras. Contêm fitoquímicos que auxiliam na liberação equilibrada de estrógeno, o que irá influenciar diretamente na testosterona e no ganho positivo de massa muscular. Por conterem cálcio na composição, fornecem a quantidade necessária ao organismo para que as fibras musculares possam contrair e relaxar, evitando as câimbras.

Canela
É excelente para a saúde por ter ação estimulante e termogênica, além de propriedades antifúngicas, antibacterianas e anti-inflamatórias.

Chá branco
É feito com a mesma planta do chá verde, entretanto é produzido com folhas mais novas, antes de entrarem no processo de oxidação. O chá branco pode apresentar maiores concentrações de compostos bioativos, como as catequinas, que têm ação antioxidante e capacidade de reduzir o estado inflamatório em pessoas com excesso de peso. Como o chá verde, o chá branco também apresenta propriedades termogênicas, o que aumenta o gasto calórico do organismo.

Chocolate amargo
Seu principal ingrediente é o cacau. É sempre bom ler os rótulos dos produtos e verificar a lista de ingredientes. O chocolate com produção de boa qualidade tem efeitos estimulantes.

Coco
Seu consumo equilibrado fornece quantidades altas de gorduras boas e fibras ao organismo. Dê preferência ao coco seco, pois você pode utilizar a polpa e a água do coco. Sua água é um excelente repositor energético e ótima escolha para hidratação. Já a polpa (e o óleo), por causa da presença de triglicérides de cadeia média (TCM), tem muita energia para alimentar os músculos, antes e depois do exercício.

Ervilha e lentilha
São leguminosas de excelente fonte proteica que fornecem boa digestibilidade e absorção, além de quantidades adequadas de aminoácidos essenciais, ou seja, aqueles que não são produzidos pelo corpo e que devem ser obtidos por intermédio de dieta ou de suplementação. Suas principais funções estão relacionadas à melhora do desempenho físico e redução da fadiga muscular. Auxiliam no pós-operatório, na redução de peso e no aumento da saciedade.

Espirulina
É classificada como uma alga azul. Esse superalimento recebeu o título de "o melhor alimento para o futuro" pela Organização Mundial da Saúde por sua riqueza nutricional extremamente abundante que fornece mais de cem nutrientes essenciais ao organismo humano. A espirulina tem todos os aminoácidos essenciais. É fonte de óxido-nítrico natural, que promove o aumento do fluxo sanguíneo, levando mais oxigênio ao cérebro e aos músculos, mantendo o metabolismo energético em alta durante o dia. A espirulina é classificada como uma excelente fonte de cálcio, auxiliando na fortificação dos ossos, além de ser rica em betacaroteno, magnésio e vitaminas, que trabalham trazendo benefícios para a pele, cabelos e unhas.

Feijão-branco
Fonte de ferro, mineral essencial para a prevenção da anemia ferropriva. Também é fonte de fibras essenciais para o bom funcionamento do intestino e ajuda na prevenção de doenças cardiovasculares. Tem maior quantidade

de proteínas, em relação aos outros tipos de feijões, já que seus fatores antinutricionais são menores. A melhor forma de consumir qualquer tipo de feijão é sempre cozida, tendo sido previamente colocado de molho em água por 8 a 12 horas com o descarte dessa água para eliminar todos os fitatos.

Gengibre
Tem efeitos anti-inflamatórios e analgésicos, ou seja, seus componentes auxiliam na redução da fadiga muscular e no alívio da dor após treinos intensos.

Gergelim
É uma semente de alto valor nutricional. Boa parte de seus compostos são formados por proteínas de alta qualidade como metionina, minerais essenciais e fitoesteróis, que são importantes para quem pratica esportes, pois ajudam a aumentar a força e a energia, aceleram o metabolismo e o crescimento celular. O resultado disso é a perda de massa gorda e o ganho de massa magra.

Grão-de-bico
Leguminosa fonte de proteína vegetal e rica em carboidratos. Apesar de ter alto valor calórico, o grão-de-bico tem 8,4 g de proteína por porção (100 g); além de fibras, antioxidantes, vitaminas, cálcio e ácido fólico. Tem também grande quantidade de ácidos fenólico e oleico ômegas 3 e 6, que auxiliam no combate ao colesterol ruim (LDL). É uma excelente fonte de energia para praticantes de atividades físicas. Por ser rico em ferro, com o seu consumo ocorre uma melhoria das taxas de hemoglobina, responsável pelo transporte de oxigênio para os pulmões e, consequentemente, uma melhora do rendimento e de toda a parte de produção de energia do metabolismo.

Guaraná em pó
Conhecido pela presença de cafeína em sua composição, o guaraná em pó estimula o sistema nervoso central, liberando adrenalina e fornecendo energia para o organismo durante mais tempo do dia. Estudos comprovaram que o guaraná é uma importante fonte de catequinas, com ação antioxidante e propriedades anti-inflamatórias. A presença de metilxantinas, como cafeína, teobromina e teofilina, demonstram efeitos benéficos em atividades cognitivas, na capacidade de raciocínio e na concentração.

Inhame

Carboidrato complexo de baixo índice glicêmico e rico em fibras. Esse tubérculo ajuda a purificar o sangue e a fortalecer o sistema imunológico. Apresenta em sua composição fibras solúveis, vitaminas, betacaroteno e minerais. O inhame tem um fito-hormônio chamado diosgenina, que ajuda a minimizar os efeitos causados pela menopausa, como irritação e cólicas, e é um bom alimento para mulheres nesse período.

Kefir

É um probiótico (colônia de bactérias benéficas) produzido por meio da fermentação do leite ou da água. Tem alto valor nutricional, que se dá por conta da presença de vitaminas como folato, colabamina e biotina. O kefir é uma excelente opção para auxiliar na digestibilidade de indivíduos com intolerância à lactose. Uma de suas principais funções é estabelecer um equilíbrio na flora intestinal, eliminando assim as bactérias e leveduras prejudiciais e, consequentemente, aumentando a população das bactérias benéficas e protetoras. Além disso, auxilia na aceleração do metabolismo, na redução de peso, no controle de problemas articulares e no combate à osteoporose e ao reumatismo. Atenção! O consumo de probióticos deve ser feito com orientação médica ou de nutricionista.

Levedura nutricional

É constituída de micro-organismos como fungos, ricos em vitaminas do complexo B e minerais. Mas atenção para a escolha da marca da levedura, que pode influenciar nos benefícios nutricionais de cada produto. Um produto de qualidade pode fornecer muitos benefícios à saúde, como aumento da saciedade, melhora do funcionamento do intestino e auxílio na redução de peso.

Maca peruana

É um tubérculo nativo da região andina do Peru. Seu consumo melhora o trânsito intestinal, o controle dos níveis de açúcar no sangue, o foco de atenção, o humor e a libido; aumenta a energia e a vitalidade. Para atletas, seus nutrientes ajudam a combater o estresse oxidativo que acontece no organismo durante a atividade física, deixando o corpo mais resistente a contusões. A maca peruana contém alta concentração de cálcio e fósforo, minerais ligados à saúde óssea. Esses nutrientes evitam a desmineralização dos ossos, ajudando, assim, no combate à osteoporose.

Moringa oleífera

É uma planta rica em potássio, cálcio e ferro, pode ser o alimento ideal para a preparação e a recuperação de uma prova de alto rendimento, como as de triathlon e trail run. Conhecida como um superalimento, a moringa é fonte proteica, antioxidante e anti-inflamatória, além de ter propriedades diuréticas, estimular a circulação, aumentar a imunidade e ajudar no desenvolvimento muscular. Por isso, é indicada tanto na preparação de provas de resistência, fornecendo nutrientes essenciais para o corpo, quanto na recuperação muscular. Ela combate os radicais livres, que favorecem o envelhecimento e o aparecimento de lesões em atletas pelo processo oxidativo. Todas as partes da planta podem ser utilizadas na dieta alimentar, com exceção da raiz. A moringa pode ser encontrada em sua forma original ou em produtos naturais, em cápsulas e em pó.

Nibs de cacau

São pequenos pedaços da amêndoa do cacau. Estas amêndoas são ricas em flavonoides e antioxidantes, tendo todos os benefícios nutricionais presentes no cacau em pó 100%.

Ora-pro-nóbis

Uma das plantas alimentícias não convencionais, as chamadas Pancs. O ora-pro-nóbis é rico em proteína, tem boa digestão e alto valor nutricional. As folhas dessa planta espinhosa são muito conhecidas em algumas regiões de Minas Gerais, onde é consumida de diversas formas, seja refogada, em sopas, no feijão, seja em recheios de tortas e salgados.

Pimenta-de-caiena

É rica em capsaicina, que promove o gasto energético e aumenta a oxidação dos carboidratos e gorduras. Além disso, esse fitoquímico tem várias propriedades nutricionais e fornece benefícios ao organismo através de ações digestivas e termogênicas. Deve ser consumida com moderação.

Quinoa

Cereal rico em proteína, é uma excelente opção para auxiliar no ganho de massa muscular. É fonte de carboidratos de baixo índice glicêmico, ou seja, leva mais tempo para ser transformado em açúcar no sangue, evitando assim excesso de insulina.

Suco de uva integral

Bebida rica em vitaminas A, B6 e C, melhora a circulação sanguínea, protege o coração de doenças cardiovasculares e aumenta a imunidade do organismo. Contém resveratrol, que é encontrado na casca da uva, por isso a escolha pelo tipo de suco de uva deve ser integral. É rico em arginina, um aminoácido que auxilia no controle da pressão arterial, pois dilata as artérias. A bebida facilita o transporte de oxigênio e de nutrientes para as células e, por conta disso, aumenta o rendimento durante a atividade física e acelera o processo de recuperação muscular.

Tofu

É um alimento produzido à base de soja e muito rico em proteínas vegetais. A fácil digestibilidade faz do tofu a opção perfeita para quem não se adapta ao consumo de soja em grãos, já que ela pode causar flatulência.

Trigo-sarraceno

Não é classificado como um cereal, mas como uma planta herbácea. É uma boa fonte de minerais como ferro, zinco e selênio. Contém aminoácidos essenciais como a lisina, a treonina e o triptofano. É também uma fonte de antioxidantes como a rutina e os taninos. A rutina é também chamada de bioflavonoide, fortalece as paredes dos capilares, reduzindo assim o risco de hemorragias, e é considerada benéfica para pessoas com pressão alta, pois ajuda na melhora da circulação sanguínea. Seu consumo equilibrado fornece uma quantidade excelente de energia para o corpo. O trigo-sarraceno não contém glúten nem colesterol.

índice alfabético

Salgados
Arroz de grãos, bife à rolê e farofa funcional **128**
Arroz integral **12**
Bisnaguinha caseira **99**
Bolinhos proteicos de feijão-branco **61**
Ceviche de coco fresco **41**
Charutinhos de acelga **124**
Cream-cracker energético **28**
Crepioca de frango e tomate **127**
Croquete proteico **112**
Espaguete de pupunha com almôndegas **58**
Feijão caseiro **12**
Hambúrguer de cogumelos **76**
Homus de beterraba **138**
Homus de espinafre **138**
Homus de grão-de-bico **138**
Lentilha para o dia a dia **13**
Macarrão de arroz com pesto de castanha-de-caju **87**
Muffin de milho com couve **52**
Nhoque de espinafre **132**
Omelete express **13**
Palitinhos de polenta com flocos de milho e alecrim **68**
Panquecas de trigo-sarraceno **83**
Pão de mandioquinha **103**
Pão proteico de quinoa e gergelim **108**
Patê de avocado e atum **27**
Pimentões recheados **137**
Pizza caseira **46**
Quiche de brócolis, alho-poró e frango **54**
Ricota de macadâmia **23**
Rolinho primavera **51**
Sal de especiarias **13**
Salada de sardinha, leguminosas e brie **84**
Sanduíche de tapenade de azeitona e mix de folhas **67**
Snack de grão-de-bico e pimenta-de-caiena **100**
Sopa de grão-de-bico com carne **107**
Suflê de abóbora e couve-flor com ricota de macadâmia **134**
Tabule de quinoa e hortelã **141**
Tacos com guacamole **71**
Wrap de rúcula, tofu e tomate seco **48**

Doces

Barrinha de guaraná em pó e gengibre 95
Bolo de banana e castanha-do-pará 31
Bolo de chocolate e chia 79
Bombom de coco funcional 149
Brownie de batata-doce e amendoim 146
Creme de avelã 96
Energy balls de figo e castanha 20
Energy balls de tâmaras com cacau 21
Granola com chips de coco 24
Iogurte de kefir 120
Manteiga de amendoim com canela 16
Manteiga de tâmara com maca peruana 17
Overnight de aveia e maca 42
Overnight de espirulina e castanha 43
Panqueca de guaraná e açaí em pó 32
Sorvete de manga e gengibre 72
Sorvete de morango e menta 72
Waffle de cenoura com mel 62

Bebidas

Chai energético 36
Milk-shake power 117
Shake de açaí com banana e colágeno 88
Shake de chocolate com matcha 91
Smoothie vermelho 35
Suco amarelo 114
Suco energia 142
Suco imunidade 145

índice alfabético

Este livro é uma obra de consulta e esclarecimento. Empenhamo-nos para garantir que as informações contidas nele sejam completas e precisas. Os dados aqui contidos têm o objetivo de complementar, e não substituir, os tratamentos ou cuidados médicos.

Os benefícios para a saúde de uma dieta baseada em carnes magras, frutas, verduras, legumes e sementes são reconhecidos pela medicina, mas o uso das informações que estão neste livro é de inteira responsabilidade do leitor. Nem os editores nem o autor têm o compromisso de oferecer conselhos e serviços profissionais ao leitor.

Todos os assuntos referentes à sua saúde demandam supervisão médica. As ideias, os procedimentos e as sugestões aqui apresentadas não devem substituir a consulta com o seu médico e não devem ser usadas para tratar doenças graves ou solucionar problemas de saúde sem a prévia consulta a um médico ou a um nutricionista. Uma vez que mudar hábitos alimentares envolve certos riscos, nem o autor nem a editora podem ser responsabilizados por quaisquer efeitos adversos ou consequências da aplicação do conteúdo deste livro sem orientação profissional. Nem o autor nem os editores poderão ser responsabilizados por qualquer perda ou dano presumivelmente decorrente de qualquer informação ou sugestão deste livro.

As receitas contidas neste livro devem ser preparadas exatamente como descritas. Os editores não são responsáveis por sua saúde ou por danos físicos decorrentes de restrições alérgicas, que podem necessitar de supervisão médica. E também não são responsáveis por nenhuma reação adversa causada pelas receitas contidas nesta obra.

Compartilhe a sua opinião sobre este livro usando a hashtag #ReceitasParaEsportistas nas nossas redes sociais:

/EditoraAlaude
/EditoraAlaude
/AlaudeEditora